Weise Frauen und geheimnisvolle Zeichen

Texte zum Volksglauben in Georgien

ausgewählt, übertragen und kommentiert von
Elguja Dadunashvili und Agnes Korn

2., verbesserte Auflage

Reichert Verlag Wiesbaden 2012

Bibliografische Information Der Deutschen Nationalbibliothek

Die Deutsche Nationalbibliothek verzeichnet diese Publikation in der
Deutschen Nationalbibliografie; detaillierte bibliografische Daten
sind im Internet über http://dnb.ddb.de abrufbar.

© 2007, 2012 Dr. Ludwig Reichert Verlag Wiesbaden
2., verbesserte Auflage
ISBN: 978-3-89500-592-3
www.reichert-verlag.de

INHALTSVERZEICHNIS

DANKSAGUNG

Dieser Band wurde im Rahmen eines Forschungsaufenthaltes von Elguja Dadunashvili an der Johann Wolfgang Goethe-Universität Frankfurt a.M. konzipiert und im Wesentlichen erarbeitet. Wir bedanken uns bei der Volkswagen-Stiftung, die das Stipendium hierfür gegeben hat.

Wir möchten außerdem Viktor Tsiklauri für die Illustrationen danken, Jost Gippert, Annelies Kuyt und Lela Samuschia für diverse Auskünfte und Erika Korn für ihren scharfen Blick auf Formulierungs- und andere Fehler.

ZUR 2. AUFLAGE

Die vorliegende Auflage unterscheidet sich von der vergriffenen ersten Auflage (Wiesbaden: Reichert, 2007) durch die Korrektur von einigen kleineren Versehen und die Änderung einiger Formulierungen. Abgesehen davon ist der Text mit dem der ersten Auflage identisch; dies gilt auch für alle Numerierungen sowie die Seitenzählung.

VOLKSGLAUBEN IN GEORGIEN

Es kann kaum verwundern, wenn im Land des Goldenen Vlieses, das auch das Land der Zauberei genannt wurde, eine Spur der alten Tradition der Weissagung und Hexerei zu finden ist. Ganz im Gegensatz zu Westeuropa, wo die Jagd auf "Hexen" und weise Frauen mehrere zehntausende Menschen auf den Scheiterhaufen der Inquisition trieb, wird diese Tätigkeit in Georgien respektiert. Bis heute gibt es in vielen Dörfern so genannte "Diener der Herren", meistens Frauen, die auch "Tante der Herren" genannt werden. Sie werden bei ansteckenden Krankheiten geholt. Heute werden längst nicht alle Krankheiten als mit übernatürlichen Gestalten verbunden betrachtet, aber etliche sind mit solchen Vorstellungen verbunden, z.B. Masern, Mumps und Pocken. Dem Volksglauben zufolge werden diese Krankheiten von "den Herren" verursacht, die die Betroffenen im Wald und auf der Wiese antreffen oder die mit dem Vieh von der Weide kommen. Nach den Vorstellungen der Einwohner von Samegrelo (Mingrelien) leben die "Herren" "jenseits des Meeres, wo ununterbrochen Honigflüsse und Milchbäche fließen. Hier haben sie ihre Familie und ihre ganze soziale und Glaubensgemeinschaft. Alle unterstehen einem Anführer, der die Angelegenheiten seiner Untertanen leitet und für ihr Wohlergehen sorgt. (...) Aber diese Krankheiten begnügen sich nicht mit ihrem Land. Von Zeit zu Zeit beschließt ihr Anführer, verschiedene Gegenden der Welt aufzusuchen, die er als Teil seines Reiches betrachtet, um in Erfahrung zu bringen, wie treu ihnen die Sterblichen sind und ob sie nicht etwas tun, was als ungesetzlich gilt. Damit beauftragt er seine Untergebenen: die Pest, die Blattern-Herren, die Masern und andere."[1]

Wenn ein Mensch mit diesen Krankheiten angesteckt wird, dann soll man die Kranken nicht mit Arzneimitteln behandeln, sondern

---

[1] FÄHNRICH 1997:72.

sie unterhalten und amüsieren. Dafür braucht man "die Tante der
Herren". Sie dient den Herren damit, dass sie den Kranken be-
stimmte Lieder vorsingt, das Zimmer mit farbigen Blumen und
Stoffen schmückt und versucht, die Wünsche der Kranken zu
erfüllen. Im 17. Jh. hat Don Christoforo De Castelli (er war in den
Jahren 1628-1654 als Missionar in Georgien tätig) eine Skizze mit
Erläuterungen angefertigt, wie im Haus des georgischen Fürsten
Kranke behandelt wurden: Nach dieser Beschreibung (siehe Abb. 1)
spannte man ein Netz um das Bett des Kranken, das ihn vor den
Dämonen schützte, und legte verschiedene Dinge dazu – den

Abb. 1. Schutz eines Kranken durch ein Netz

Rittern das kurze Schwert und den runden Schild.[2] Offensichtlich war in Georgien der Volksglauben so weit verbreitet, dass er nicht nur in den Hütten der Armen, sondern auch in den Palästen der Fürsten beachtet wurde.

Weitere Elemente des Volksglaubens sind Tabus, Verhaltensratschläge und Omina. Um Krankheiten oder anderes Unglück zu vermeiden, bestand in Georgien ein ausgeklügeltes System von magisch-religiös bestimmten Verboten und Meidungsgeboten, das alle Leute beachteten. Solche Traditionen sind in der Sekundärliteratur als Tabu (nach polinesisch *tapu* "unverletzlich") bekannt. Der Grund für ein Tabu kann entweder in religiöser Verehrung oder sozialer Verachtung liegen. Dementsprechend haben georgische Tabus hauptsächlich zwei Funktionen: Sie beziehen sich entweder auf die Gesundheit oder den Wohlstand. So darf man z.B. nicht über dem Feuer urinieren, sonst bekommt man eine Blasenentzündung (s.u. Text Nr. 242). Oder man soll keine Eierschalen oder Vogelknochen ins Feuer werfen, weil das Armut verursachen kann (Nr. 240) usw.

Tabus wie auch Omina basieren meistens auf dem Prinzip der Ähnlichkeit oder der Zugehörigkeit. In letzterem Fall liegt der Gedanke zugrunde, dass ein Ereignis, das ein Ding betrifft, das zu einem Menschen gehört, diesen selbst betreffen kann: Wenn ein schädigender Geist einen Teil in seinen Besitz bekommt, kann er das Ganze beherrschen oder schädigen; deshalb wirft man in Pšavi[3]

---

[2] DE CASTELLI 1977:120. Über die gleiche Tradition in Kolchis (Westgeorgien) berichtete auch Archangelo Lamberti, ein anderer Missionar der gleichen Zeit: Seinem Bericht zufolge (LAMBERTI 1938:152) ist die Ebene mit unreiner und verzauberter Luft erfüllt. Um eine negative Wirkung für den Kranken zu verhindern, benutzt man zu seinem Schutz ein Fischernetz, das man um das Bett des Kranken spannt, dabei legt man Schwert und Speer unter das Kopfkissen.

[3] Zur in diesem Band verwendeten Umschrift s. S. 111, zu den Regionen Georgiens siehe die Karte auf S. 114.

abgeschnittene Haare oder Barthaare nicht weg, weil man denkt, dass der Teufel sie in Besitz nehmen würde (Nr. 219). Im Fall von Namentabus wird der Name, d.h. das Zeichen, mit dem Wesen identifiziert. Daher darf man den Namen eines gefährlichen Tieres nicht nennen, weil sich sonst das Tier gerufen fühlte und tatsächlich kommen könnte. Das Prinzips der Ähnlichkeit entspringt der magischen Vorstellung, dass eine ähnliche Eigenschaft bedeutet, dass die betreffenden Lebewesen oder Dinge einander wesensähnlich sind. Wenn also jemand sich von seinem Nachbarn Knoblauch leiht, dann nimmt er ihn nicht aus der Hand, sondern der Geber wirft den Knoblauch auf den Boden, weil er sonst dem Nachbarn Leid übergibt (das scharf ist wie Knoblauch, Nr. 287).

In manchen Fällen sind die kausalen Beziehungen zwischen einer Vorschrift und ihrer Grundlage offensichtlich, es gibt aber auch Fälle, in denen diese Beziehung nicht sichtbar ist. So ist es z.B. nicht recht klar, warum der Speichelfluss eines Kindes aufhört, wenn die älteste Schwester des Vaters den Speichel mit der Schere abschneidet (Nr. 351).

Manche Vorstellungen können nur mit Hilfe von anderen Elementen der traditionellen Kultur (z.B. Mythen und Dichtungen) entschlüsselt werden. Ein gutes Beispiel dafür ist der Rat, wie man dem Kuckuck einen Segen stehlen kann. Nach den mythologischen Vorstellungen in Georgien ist der Kuckuck, wie andere Vegetationsgottheiten, z.B. Demeter in der griechischen Mythologie, zuständig für die Fruchtbarkeit der Erde und der Saat. Nach der georgischen Überlieferung bringt der Kuckuck den Menschen den Ackerbau bei und besitzt ein Brot, das nach jedem Bissen wieder ganz wird.[4] So wird es verständlich, dass es nach den georgischen Verhaltensratschlägen möglich ist, dem Kuckuck den Segen zu stehlen, indem man heranschleicht, dreimal um dem Baum geht, auf dem der Kuckuck sitzt, und jedes Mal flüstert: "Kuckuck, ich habe dir einen

---

[4] DADUNASHVILI 2003:121.

Segen gestohlen", dann ein Stück Rinde von dem Baum nimmt und es zu Hause an das Butterfass hängt (Nr. 335).

Ihrem Inhalt nach stehen Verhaltensratschläge dem Tabu besonders nahe und basieren auf den gleichen Vorstellungen. In manchen Fällen ist es möglich, ein- und denselben Text in beiden Formen darzustellen.[5] Es gibt z.B. eine Tradition, das Haus der neuen Familie zuerst mit dem rechten Fuß zu betreten. Wenn man sagt: "Die Braut muss ihr neues Haus zuerst mit dem rechten Fuß betreten, dann wird der Wohlstand ihrer Familie steigen," (Nr. 365) ist es ein Ratschlag, wenn man aber denselben Text so umformt: "Die Braut darf ihr neues Haus nicht mit dem linken Fuß zuerst betreten, sonst wird der Wohlstand ihrer Familie abnehmen," dann wäre es ein Tabu. Jedoch nicht bei allen Texten ist eine solche Umformung möglich, z.B. "Wenn man bei Regen im Eingang des Hofes ein Kreuz aus Streichhölzern hinlegt und Salz darauf streut, dann hört der Regen auf" (Nr. 341) oder: "Wenn ein Mann bewußtlos wird, dann muss man ihm Unterwäsche seiner Frau unter den Kopf legen und ein Maiskorn darin einwickeln" (Nr. 370).

Eine ähnliche Grundlage wie Tabus haben auch die Omina. Omina sind schlechte oder gute Vorbedeutungen von Ereignissen, die konkretem Geschehen, dem Verhalten der Tiere oder anderen Anzeichen zu entnehmen sind. Das Omen entspringt magischen Vorstellungen über den kausalen Zusammenhang aller Ereignisse und Erscheinungen. Es gibt zwei Formen von Omina: Weissagungen aus Vorzeichen, Tierknochen o.ä. und Prophezeiungen, d.h. die Übermittlung einer göttlichen Botschaft durch den Mund eines Menschen. Den Aufzeichnungen der Erforscher des georgischen Alltags zufolge waren beide bis in die erste Hälfte des 20. Jahrhunderts verbreitet. Heutzutage begegnet man ihnen nur noch selten.

Das Christentum ist seit der Antike in Georgien verbreitet. Schon

---

[5] In einigen Fällen sind auch die Quellen nicht exakt genug für eine eindeutige Zuordnung.

der Apostel Christos Andreas soll die neue Lehre nach Georgien ge-
bracht haben; seit dem 4. Jahrhundert ist das Christentum Staats-
religion in Georgien. Trotz der Autorität der Orthodoxen Kirche
Georgiens haben sich im Alltag der Menschen auch Teile des alten
Glaubens erhalten. Manche Elemente des Volksglaubens sind sogar
eine Verbindung mit christlichen Traditionen eingegangen. Als
Beispiel sei die Tradition der Prophezeiung in Samegrelo genannt:
Die Gemeinde der Kirche des Heiligen Georg im Dorf Sudžuna
wählte am Namenstag des Heiligen (23. April) einen alten Mann aus
und sperrte ihn in der Kirche ein, wo er die ganze Nacht im Gebet
verbringen musste. Am Morgen brachten die Gläubigen den Mann
auf eine Anhöhe, und er musste den versammelten Leuten seine
Prophezeiung für das kommende Jahr vortragen.[6]

In den Bergregionen Georgiens, vor allem in Xevsureti, wo der
Einfluß der offiziellen Kirche besonders gering war, war die Tradition der Prophetie sogar institutionalisiert. Jede Gemeinschaft von
Gläubigen, die einer Gottheit (zusammengefaßt *Džvari* oder *Xat'i*
genannt, was eigentlich "Kreuz" bzw. "Ikone" bedeutet und im über-
tragenen Sinn für Heilige verwendet wird, deren Verehrung viel-
fach vorchristliche Elemente enthält) untertan ist, hat einen Pro-
pheten (*Mk'adre*), durch dessen Mund die Gottheit spricht. Es ist
geregelt, wie der neue Prophet gewählt werden, welche Sitten er
beachten muss usw. "In vielen Angelegenheiten des Dshwaris
besitzt er maßgebende Entscheidungsbefugnis: wenn es um Ein-
gliederung von Ländereien geht, um die Mehrung des Viehs, des
Besitzes, des Schatzes vom Heiligtum. Er ordnet auch Instand-
setzungsarbeiten beim Dshwari an, ja er kann sogar neue Kultstätten
gründen. Er legt Glaubensgebote fest, regelt Streitfälle, legt Bluts-
fehden bei. Bei der Organisation und der Durchführung von Kriegs-
zügen ist er die maßgebende Persönlichkeit."[7] Diese Beispiele zeigen

---

[6] MAKALATIA 1941:372-373.

[7] FÄHNRICH 1999:205.

das Weiterleben traditionellen Volksglaubens neben christlichen Elementen und verschiedene Formen der Kombination von beidem.

Bemerkenswert sind auch die Spuren des Volksglaubens in anderen Gattungen der georgischen Volksliteratur. Als Beispiel dazu dient die in georgischen Zaubermärchen mehrfach vorkommende Episode über die von der Sonne gestraften drei Schwestern, die nicht heiraten dürfen.[8] Die Ursache dieser Strafe war die Brechung des Tabus, nach dem Sonnenuntergang Abfall wegzubringen.

Die Sammlung präsentiert Materialien aus fast allen Regionen Georgiens und bietet daher einen Einblick in die räumliche und kulturelle Vielfalt der georgischen Kultur. Von besonderem Interesse sind in dieser Hinsicht auch die Materialien über den Volksglauben unter den georgischen Juden. Jüdische Flüchtlinge sind schon seit dem 6. Jh. v. Ch. nach Georgien gekommen und haben fast im ganzen Land Siedlungen gegründet. Im Laufe der Zeit haben sie allmählich ihre Sprache vergessen und viele Vorstellungen der übrigen Bevölkerung übernommen und mit ihren eigenen Sitten kombiniert. Umgekehrt hat auch die jüdische Kultur die georgischen Traditionen beeinflusst, wie z.B. der folgende Ratschlag: "Wenn ein Mann aus dem Haus geht, gieß ihm Wasser hinterher, so wird er von einem Gnaden-Engel begleitet" (Nr. 366).

Dieser Text ist auf dem Prinzip des Wortspiels aufgebaut: Die Wörter *ts'qali* "Wasser" und *ts'qaloba* "Gnade" haben im Georgischen den gleichen Stamm *ts'qal-*. Das bedeutet, dass der Text erst entstanden sein kann, als die Juden nach ihrer Ankunft in Georgien das Georgische angenommen hatten. Dieses Beispiel verweist darauf, dass das Wichtigste in der Existenz des Volksglaubens die Tradition ist; die Texte sind sekundär. Anders gesagt: Solange die Grundlage für die Tradition existiert, werden Texte sowohl vom alten Repertoire überliefert als auch neu geschaffen.

---

[8] *Datenbank*, Signatur: *fai80 gv259*.

ZU DEN TEXTEN UND DEN QUELLEN

Omina, Tabus und Verhaltensratschläge aus Georgien sind bislang nicht systematisch erfasst worden. Es finden sich aber Materialien zu diesem Thema in Werken von Wissenschaftlern und Wissenschaftlerinnen, die sich mit der Erforschung und Dokumentierung der traditionellen Kultur Georgiens oder einer seiner Regionen befasst und hierbei oft auch Beispiele des Volksglaubens aufgezeichnet haben. Neben einigen gedruckten Werken liegen auch bislang unveröffentlichte Quellen vor, die sich im Folklorearchiv des Rustaveli-Instituts für georgische Literatur befinden.

Dieser Band ist der erste Versuch, den verstreut aufgezeichneten Omina, Verhaltensratschlägen und Tabus aus Georgien eine strukturierte Form zu geben und damit diese Gattung der traditionellen Kultur für die systematische Forschung zugänglich zu machen. Abgesehen von einigen in den Anmerkungen gebotenen Erklärungen, die dem besseren Verständnis dienen sollen, versucht dieser Band mit Absicht keine Deutung oder Kontextualisierung des Materials und verzichtet auch auf Anführung von teilweise auf der Hand liegenden Vergleichen zu benachbarten christlichen und islamischen Kulturkreisen sowie anderen sozial vergleichbaren Vorstellungen und magischen Praktiken. Vielmehr versteht sich die hier vorgelegte Sammlung aus dem Georgischen, Russischen und Französischen übertragener Texte als "Rohmaterial", das als Grundlage für künftig zu erstellende, umfassendere Studien zum Volksglauben in den einzelnen Regionen und Bevölkerungsgruppen Georgiens dienen soll.

Die verwendeten gedruckten Werke sowie auch die hier erstmal veröffentlichten Archivmaterialien stammen aus verschiedenen Zeiten und repräsentieren verschiedene Regionen Georgiens. Je nach Forschungsansatz der Quelle, aus der sie stammen, sind die Texte in unterschiedlicher sprachlicher Form gehalten, die einen eher als zitierte Befehle oder Verbote, andere eher beschreibend.

Die meisten hier präsentierten Materialien sind im 19. und in der ersten Hälfte des 20. Jh. aufgezeichnet worden. Als älteste Zeugnisse dieser Art gelten die von dem katholischen Missionar Archangelo Lamberti aufgezeichneten Beispiele des Volksglaubens im damaligen Georgien aus dem 17. Jahrhundert (Quelle Nr. 2). Besonders umfangreich ist die Sammlung von Mašurko (Nr. 16), die auch in der Hinsicht eine Ausnahme bildet, dass sie mehrere Regionen abdeckt. Die anderen Quellen beziehen sich jeweils auf eine Region. So wurden etwa die von "Tavisupali Svani" gesammelten Texte in Svaneti aufgezeichnet, die von Lamberti in Samegrelo, jene von Bodzašvili in Pšavi usw.

Liste der Quellen

1. *Svanebis zogiertni čveulebani da tsru-morts'muneobani*, gesammelt von "Tavisupali Svani". Kekelidze-Institut für Handschriften, Tiflis. Signatur: *H-1998-b.*

Mit dem Pseudonym "Tavisupali Svani" ist Besarion Nišaradze (1852-1919) gemeint, der berühmte Sammler und Erforscher der traditionellen Kultur der Svanen.

2. Archangelo LAMBERTI: *Samegrelos ayts'era*, übersetzt aus dem Italienischen von Aleksandre Č'qonia, Hrsg. Levan Asatiani. Tiflis 1938.

Über den Sammler: Als Dominikaner-Missionar war Lamberti 1633-1653 in Georgien tätig. Seine Beobachtungen über das damalige Samegrelo (Mingrelien) wurden 1654 unter folgendem Titel in Neapel veröffentlicht: *Relatione della Colchide hoggi detta Mengrellia, nella quale si tratta dell' Origine, Costumi e Cosi naturali di quei Paesi. Del P.D. Archangelo Lamberti, Clierico Regolare, Missionario in quelle Parti. All'III^{mo} e Reu^{mo} Sig^{re} Monsignor Dionigio Massari, Segretario della Sacra Congregatione de Propag. Fide.*

3. Levan BODZAŠVILI: *Pšavi da pšavlebi.* Tiflis 1988.

Über den Sammler: Bodzašvili, der selbst aus Pšavi stammte, zeichnete seine Materialien auf der Basis eigener Erfahrungen in den 20er und 30er Jahren des 20. Jh. auf.

4. Archivmaterialien, von Epreim Godziašvili im Jahre 1885 im Dorf Gremisxevi (Nordwest Georgien) gesammelt. Folklorearchiv am Rustaveli-Institut für georgische Literatur, *Umikašvili-Kollektion, tsrumorts'muneoba 1.*

5. Tedo SAXOK'IA: *Etnograpiuli nats'erebi.* Tiflis 1956.

Über den Sammler: Tedo Saxok'ia (1868-1956) war ein georgischer Schriftsteller, Lexikograph und Ethnograph.

6. Sergi MAK'ALATIA: *Pšavi.* Tiflis 1985.

7. Sergi MAK'ALATIA: *Xevsureti.* Tiflis 1984.

8. Sergi MAK'ALATIA: *Samegrelos istoria da etnograpia.* Tiflis 1941.

Über den Sammler: Der berühmte Ethnograph, Sammler und Erforscher der traditionellen georgischen Kultur Sergi Mak'alatia
(1893-1974) hat zahlreiche Feldforschungen in ganz Georgien
durchgeführt. Auf Basis dieser Forschungen hat er vielseitige Be-
schreibungen einzelner Gebiete veröffentlicht, wie z.B. *Das gebirgi-
ge Rač'a*, *Tušeti*, *Mesxeti* und viele andere.

9. Roza TAVDIDIŠVILI: *Etnograpiuli nark'vevi kutaisis ebraelta
dzveli qopa-tsxovrebidan.* Tiflis 1940.

Über die Sammlerin: Roza Tavdidišvili, geboren und aufge-
wachsen in einer jüdischen Familie, hat im Auftrag der Gesellschaft
für Volkskunde Georgiens in den 30er Jahren die Materialien in
ihrer eigenen Gemeinde in Kutaisi gesammelt.

10. Jules MOURIER: *La Mingrélie: ancienne Colchide.* Odessa
1883.

Über den Sammler: Jules Mourier war als französischer Vize-
konsul in den 80er Jahren des 19. Jahrhunderts in Georgien. Im Auftrag des Bildungsministeriums Frankreichs untersuchte er die histo-
rischen Denkmäler Georgiens und gab die französischsprachige
Zeitschrift *Le caucase illustré* (um 1899-1902) in Tiflis heraus. Als
Lehrer der französischen Sprache war er am Hof des Herrschers von
Samegrelo, Davit Dadiani, tätig.

11. Archivmaterialien, von verschiedenen Sammlern im 19. Jahrhundert gesammelt. Folklorearchiv am Rustaveli-Institut für georgische Literatur, *Umikašvili-Kollektion, tsrumorts'muneoba 2-3.*

12. Archivmaterialien, von Elene Virsaladze im Jahr 1965 in
Guria gesammelt. Folklorearchiv am Rustaveli-Institut für georgische Literatur, Signatur: *fag228.*

13. Archivmaterialien, von T'imote Maxauri im Jahr 1962 in
Pšavi gesammelt. Folklorearchiv am Rustaveli-Institut für georgische Literatur, Signatur: *fak106.*

14. Archivmaterialien, von T'imote Maxauri in den 60er Jahren
in Pšavi gesammelt. Folklorearchiv am Rustaveli-Institut für georgische Literatur, Signatur: *fak167.*

Über den Sammler: T'imote Maxauri sammelte in den 60er Jahren des 20. Jahrhunderts die mündlichen Überlieferungen und Sitten in Pšavi. Viele der Texte stammen aus seinem eigenen Erfahrungsschatz.

15. Archivmaterialien, von N. Č'axnak'ia und Rusudan Darsalia im Jahr 1971 in Samegrelo gesammelt. Folklorearchiv am Rustaveli-Institut für georgische Literatur, Signatur: *fas262*.

16. M. G. MAŠURKO: *Iz oblasti narodnoj fantazii i byta* [Aus dem Bereich der Phantasie und des Alltags des Volkes]. In: *Sbornik materialov dlja opisania mestnostej i plemen Kavkaza* 18/III, 1894.

Über den Sammler: M. Mašurko arbeitete als Lehrer am Gymnasium in Kutaisi (Imereti). Außer den Beispielen des Volksglaubens, die er sowohl selbst als auch mit der Hilfe seiner Schüler in ganz Georgien sammelte, hat er auch verschiedene Abhandlungen über den Alltag und die traditionellen Sitten Georgiens veröffentlicht. Seine Veröffentlichungen sind auf russisch.

17. Archivmaterialien, von Ali Davitiani in der 40er Jahren des 20. Jahrhunderts in Svaneti gesammelt. Folklorearchiv am Rustaveli-Institut für georgische Literatur, Signatur: *fav41*.

18. Archivmaterialien, von Elguja Dadunashvili, Džondo Bardavelidze, Pikria Zanduk'eli, Rusudan Čoloqašvili, und Maqvala K'oč'lavašvili im Jahre 1998 in Kartli gesammelt. Folklorearchiv am Rustaveli-Institut für georgische Literatur, Signatur: *faq380*.

Zur Anordnung der Texte

In dieser Sammlung werden Texte zu drei Formen des Volksglaubens veröffentlicht: Omina, Tabus und Verhaltensratschläge. Etliche der Texte wiederholen sich in den verschiedenen Gegenden Georgiens und in den verschiedenen Sammlungen. In diesen Fällen haben wir einen Text als Beispiel ausgewählt und weisen im Anhang auf Varianten hin.

Die Klassifikation innerhalb der Gattungen ist von eher freiem Charakter; oft könnte ein Text mehreren Untergruppen zugeordnet werden. Der Text "Beim Kochen darf die Milch nicht ins Feuer spritzen, sonst werden die Kühe keine Milch geben, und ihnen wird das Euter wehtun" (Nr. 241) aus der Gattung Tabu könnte sowohl der Untergruppe "Feuer" als auch dem Subtyp "Ernte und Proviant" zugeordnet werden, da es in ihm auch um Milch geht. In solchen Fällen sind Hinweise auf solche Texte den entsprechenden Untergruppen beigefügt.

Vor jedem Text steht ein Kästchen mit folgenden Informationen:

1. laufende Nummer,
2. Nummer der Quelle (s.o.) und
3. die Position des Textes in dieser Quelle (Seite oder Nummer).

Ein Sternchen vor der Nummer des Textes verweist darauf, dass zu diesem Text eine Anmerkung im Anhang zu finden ist.

Zum Nachschlagen dient ein Wortindex im Anhang. Alle Begriffe, die in den Texten als Ding, Handlung, Eigenschaft oder Zustand eine wichtige Rolle spielen, sind in diesem Index aufgelistet und mit den Nummern der betreffenden Texte versehen.

OMINA

Schulterknochen

*1
7
228

Ein Schulterknochen mit nach oben gebogenem Joch bedeutet, dass in der Familie ein Junge geboren wird, wenn das Joch aber gerade ist, dann bekommt die Familie ein Mädchen.

2
7
228

Ein blutiger Fleck auf dem Schulterblatt zeigt an, dass jemand von den Verwandten sterben wird.

3
7
228

Ein Schulterblatt mit einem Fleck bedeutet kommenden Schaden in der Viehzucht.

4
7
228

Angebogene Flügel der Schulterknochen sind ein Zeichen von reicher Ernte.

5
7
228

Ein durchsichtiger Schulterknochen bedeutet, dass die Familie vom Schicksal begünstigt ist.

Niesen

6
6
189

Wenn jemand bei der Vorbereitung des Abendbrots niest, ist das ein gutes Vorzeichen, wenn man nach dem Abendbrot niest, ein schlechtes.

*7
9
88

Wenn man vor einer Reise zweimal niest, ist das ein gutes Vorzeichen, wenn man einmal niest, ein schlechtes.

| 8 |
| 16 |
| 274 |

Wenn man an Neujahr zweimal niest, dann wird man im Wald einen Bienenstock finden.

Schluckauf

| 9 |
| 10 |
| 133 |

Wenn Sie einen langen Schluckauf haben, bedeutet das, dass jemand schlecht über Sie spricht.

| *10 |
| 6 |
| 189 |

Wenn jemand einen Schluckauf hat, bedeutet das, dass sein Name genannt wurde.

Jucken

| 11 |
| 7 |
| 228 |

Wenn einer Person der Kopf juckt, bedeutet das, dass jemand kommt.

| *12 |
| 7 |
| 20 |

Wenn jemanden die Stirn von fern juckt, bedeutet das, dass der Gast fern ist, wenn sie nah juckt, ist der Gast in der Nähe.

| *13 |
| 9 |
| 62 |

Wenn dich die Braue juckt, dann wirst du dich freuen, falls es die rechte ist, und du wirst leiden, wenn es die linke ist.

| 14 |
| 7 |
| 228 |

Wenn der Augapfel juckt, ist das ein Vorzeichen für Weinen.

| 15 |
| 8 |
| 335 |

Wenn das Auge juckt, dann kommt ein angenehmer Gast.

| 16 3 92 | Wenn das rechte Ohr juckt, ist das ein Vorzeichen von schlechtem Wetter, wenn das linke Ohr juckt, ist das ein Vorzeichen von gutem Wetter. |

| 17 8 335 | Wenn das Ohr juckt, dann wird es bald regnen. |

| 18 6 189 | Wenn die Wange juckt, wird man bald weinen. |

| *19 3 92 | Wenn die Nasenspitze juckt, ist das ein Vorzeichen für Freude. |

| 20 6 189 | Wenn der Schnurrbart juckt, bedeutet das, dass jemand mit Bart kommt. |

| *21 3 92 | Wenn der Schnurrbart juckt, dann kommt bald ein Gast. |

| *22 7 228 | Wenn mich die Mitte des Schnurrbarts juckt, dann werde ich entweder saufen, oder es regnet. |

| 23 9 95 | Wenn das Kinn juckt, kommt ein Mann. |

| *24 7 228 | Wenn das Kinn juckt, wird man bald Schmalz essen. |

| 25 |
| 13 |
| 140 |

Wenn dich das Kinn unter den Lippen juckt, bedeutet das, dass du eine Speise mit Schmalz essen wirst.

| *26 |
| 13 |
| 140 |

Das Jucken der Kinnspitze (der Bartgegend) ist ein Vorzeichen dafür, dass man einen bärtigen Mann (Pfarrer, Mönch oder sonst jemand mit Bart) treffen wird.

| 27 |
| 3 |
| 92 |

Wenn die rechte Schulter juckt, bedeutet das Traurigkeit, wenn es die linke ist, – wenn es die rechte ist, Freude.

| 28 |
| 9 |
| 72 |

Wenn dich die rechte Brustwarze juckt, bedeutet das, dass deine Tochter in Not geraten ist.

| 29 |
| 9 |
| 73 |

Wenn dich die linke Brustwarze juckt, bedeutet das, dass dein Sohn in Not geraten ist.

| *30 |
| 7 |
| 228 |

Wenn jemanden die linke Handfläche juckt, dann wird man etwas ausgeben, und etwas bekommen, wenn es die rechte ist.

| 31 |
| 7 |
| 228 |

Wenn dich die Kniekehle juckt, dann könntest du in Not geraten.

| *32 |
| 6 |
| 189 |

Wenn die Füße jucken, bedeutet das, dass man irgendwohin gehen muss.

| 33 |
| 8 |
| 335 |

Wenn die Fußsohle juckt, dann kommt ein Besucher mit einem Pferd.

34
9
67

Wenn dich die linke Fußsohle juckt, dann wirst du von der Geburt eines Jungen benachrichtigt.

Pfeifen und Zittern

*35
13
189

Wenn mir das rechte Ohr pfeift, bedeutet das, dass mich jemand segnet.

36
13
189

Wenn mir das linke Ohr pfeift, bedeutet das, dass jemand schlecht über mich redet.

37
8
335

Wenn einem das Ohr pfeift, dann stirbt jemand.

*38
10
133

Wenn Ihr Ohr pfeift, stirbt jemand. (In diesem Fall macht man die Augen zu und schnipst beim Ohr mit den Fingern, wobei man sagt: "Fern, fern von hier, hinter die zwölf Berge, in die Wälder, die Steine und die Winde!")

39
9
71

Wenn dir das Ohr pfeift und es ist das linke, spuck dreimal nach links, sonst erfährst du eine überraschende traurige Nachricht.

40
9
70

Wenn dir das Ohr pfeift, und es ist das rechte, dann spucke dreimal nach rechts!

*41
16
272

Wenn jemandem das rechte Auge zittert, dann ist das ein Vorzeichen für Glück, wenn es das linke ist, bedeutet es Unglück.

42
9
68

Wenn dir das Auge zittert, und es ist das rechte, dann ist das die Nachricht vom Sterben eines nahen Verwandten.

43
9
69

Wenn dir das Auge zittert und es ist das linke, dann ist das die Nachricht vom Sterben eines fernen Verwandten.

*44
3
92

Wenn einem das untere Augenlid zittert, wird man weinen, wenn es die rechte Seite ist, bedeutet es, dass man eine weite Reise machen wird.

45
7
228

Wenn sich ein Körperteil von selbst bewegt, dann sagt man, dass jemand von den Verwandten sterben wird.

Andere Körperzeichen

46
9
48

Wenn du eine Wimper in die Hand bekommst, verwahre sie an deiner Brust, dich wird ein Brief erfreuen.

47
9
40

Wenn dein Blick starr ist, bedeutet das, dass sich jemand mit dir treffen möchte.

48
14
119

Flecken auf dem Fingernagel sind ein Vorzeichen von Traurigkeit.

49
9
43

Wenn sich an deinem Fingernagel weiße Striche zeigen, bedeutet das, dass du ein neues Kleidungsstück bekommen wirst.

50
9
5

Wenn ein Mensch auf dem Kopf einen Haarwirbel hat, dann wird er einmal heiraten, wenn er zwei hat, zweimal, und wenn er drei hat, dreimal.

51
10
136

Man betrachtet als böses Vorzeichen: den Ruf der Eule, von dem man sagt, dass er den Tod ankündigt; die Begegnung mit einem Priester, dessen Bart oder Haare rot sind, mit einem Fuchs, und das Muhen eines Stiers oder einer Kuh, wenn sie Sie direkt anblicken.

52
9
98

Wenn eine Schwangere bei der Frage: "Was ist mit deiner Hand?" zuerst ihren rechten Handrücken ansieht, dann bekommt sie einen Sohn, wenn sie ihren linken Handrücken ansieht, eine Tochter, wenn sie beide Handrücken ansieht, Zwillingssöhne, wenn sie beide Handflächen ansieht, Zwillingstöchter, wenn sie aber einen Handrücken und eine Handfläche ansieht, dann bekomt sie Zwillinge, einen Sohn und eine Tochter.

Huhn und Hahn

53
6
189

Wenn eine Henne kräht, ist das ein sehr böses Zeichen, dann wird in der Verwandtschaft jemand sterben.

54
13
127

Wenn eine Henne kräht, ist das ein Vorzeichen eines sehr großen Unglücks, und sie muss sofort geschlachtet werden, aber nicht auf gewöhnliche Weise, sondern man muss den Kopf abschlagen und weit nach rückwärts werfen, und das Fleisch darf man auch nicht verwenden.

55
16
230

Wenn ein Hahn mittags kräht, dann muss der Hahn nach unten gehängt werden, wenn der Hahn den Kopf nach rechts dreht, dann soll man den Hahn wieder freilassen, wenn er aber den Kopf nach links dreht, dann schlachtet man ihn sofort.

56
16
230

Wenn ein Hahn nach dem Mittagessen kräht, dann kommen in derselben Nacht Diebe ins Haus.

*57
13
132

Wenn ein Hahn nach Sonnenuntergang früher als üblich kräht, ist das ein Vorzeichen von Bösem, und er muss sofort geschlachtet werden.

58
3
92

Wenn die Hähne abends gleichzeitig krähen, bedeutet das, dass ein Krieg ausbricht.

59
13
19

Wenn jemandem der Hahn durch die Tür hereinkräht, ist das ein Zeichen von guten Nachrichten.

60
16
230

Wenn ein Hahn ins Zimmer hineinläuft, wo ein Kranker liegt, dort einmal kräht und sofort wieder hinausläuft, dann wird der Kranke sterben.

61
16
231

Geht ein Huhn ins Haus und schüttelt dort die Flügel, ist das ein Vorzeichen für Reichtum.

62
16
231

Wenn ein Huhn einen Flügel hängenlässt, dann kommt ein Gast mit einem Dolch.

Hund

| 63 |
| 10 |
| 134 |

Wenn ein Hund langgezogenes Jaulen hören lässt, wird jemand im Haus sterben.

| 64 |
| 6 |
| 189 |

Hundejaulen verheißt nichts Gutes, es bedeutet, dass jemand stirbt.

| 65 |
| 16 |
| 243 |

Das Jaulen des Hundes der Familie ist ein Vorzeichen vom Tod eines Verwandten.

| 66 |
| 3 |
| 92 |

Wenn ein Hund ohne Anlass jault, dann sagt man, dass es ein Vorzeichen für das Sterben seines Herrn ist.

| 67 |
| 16 |
| 243 |

Wenn ein Hund jault oder in der Erde gräbt, bedeutet das, dass sein Herr stirbt.

| 68 |
| 10 |
| 134 |

Wenn ein Hund sich so dreht, dass er Ihnen den Schwanz zuwendet, bedeutet das, dass jemand aus dem Haus Ihnen übel will. Streuen Sie ein wenig Asche auf den Schwanz des Tieres, und Sie finden denjenigen, denn wenn der Hund an ihm vorbeigeht, wird er den Schwanz bewegen.

| 69 |
| 16 |
| 243 |

Wenn der Hund am Morgen seinen Herrn anbellt, bedeutet das das Sterben von einem Verwandten.

| 70 |
| 16 |
| 244 |

Wenn der Hund sich von dir wegdreht, bedeutet das, dass jemand schlecht über dich spricht.

Katze

| 71 |
| 3 |
| 92 |

Wenn die Katze sich mit der Zunge den Hintern leckt, ist das ein Vorzeichen von schlechtem Wetter.

| *72 |
| 3 |
| 92 |

Wenn die Katze sich mit der Pfote das Gesicht wäscht, sagt man, dass es gutes Wetter gibt.

| 73 |
| 18 |
| 127 |

Wenn sich die Katze am Holz die Klauen schärft, dann wird es schneien.

Vögel

| 74 |
| 9 |
| 113 |

Wenn man im Frühling die erste Schwalbe sieht, bedeutet das Böses, wenn man gerade sitzt, und Gutes, wenn man steht.

| 75 |
| 13 |
| 131 |

Wenn eine Schwalbe ein Nest unter das Dach baut, ist das ein Vorzeichen von Glück in der Familie.

| 76 |
| 16 |
| 236 |

Wenn eine Schwalbe ihr Nest an einem Haus baut, bringt das Glück, außerdem droht diesem Haus kein Feuer.

| 77 |
| 16 |
| 236 |

Wenn eine Schwalbe ins Zimmer hineinfliegt, dann stirbt jemand in dem Haus.

| 78 |
| 16 |
| 236 |

Wenn Schwalbenkot auf jemanden fällt, bringt ihm das Glück.

| 79
16
235 | Wenn eine Eule über den Hof fliegt und ruft, dann stirbt jemand in der Verwandtschaft. |

| 80
13
133 | Wenn eine Eule in die Nähe des Hauses kommt und ruft, bedeutet das Unglück. |

| 81
16
235 | Wenn eine Eule zum Hof kommt oder im Hof auf einem Baum sitzt und ruft, dann bedeutet das, dass jemand im Haus stirbt. Um dieses Unglück zu vermeiden, muss man eine glühende Kohle nach der Eule werfen. |

| *82
16
233 | Wenn ein Rabe über dem Haus krächzt, dann stirbt jemand im Haus. |

| 83
16
234 | Wenn ein Rabe dreimal über einer Hütte ruft, in der ein Kranker liegt, dann stirbt dieser. |

| 84
13
124 | Wenn ein Rabe über dem Kopf von jemandem krächzt, bedeutet das Böses, und man muss folgendes sagen: "Du fliegender Rabe, geh weg von mir, du darfst nichts Böses von mir wissen und nichts Gutes von meinem Feind, wirf dein Herz auf das Rasiermesser und deinen Bauch auf die Schneide des Messers." |

| 85
16
234 | Wenn vor dem Beginn einer Reise ein Rabe oder ein anderer nicht singender Vogel, etwa ein Kuckuck oder ein Zeisig, ruft, bedeutet das, dass ein Unglück passiert. |

86
16
234

Wenn ein Kuckuck durch den Wald fliegt, ist das ein Vorzeichen für Feuer.

87
1
44r

Wenn eine Drossel oder ein Eichelhäher von links keckert, bedeutet das für den Reisenden oder den Jäger Böses, und dem Reisenden wird ein Unglück widerfahren, oder der Jäger wird ohne Beute heimkehren.

88
16
236

Wenn ein Vogel in das Haus hineinfliegt, bringt das Glück.

89
13
131

Wenn ein Vögelchen mit Singen beginnt, bedeutet das, dass man eine gute Nachricht bekommt.

Andere Tiere

90
16
240

Einem Hasen oder einem Kaninchen zu begegnen bringt Unglück.

*91
16
241

Wenn man unterwegs einen Hasen trifft, dann wird die Reise mit einem Misserfolg enden; trifft man aber einen Fuchs, wird sie erfolgreich.

92
6
189

Wenn man mit einem Steinchen eine Kuh am Horn trifft, dann wird man Schmalz essen.

93 3 92	Wenn eine angebundene Kuh schnaubt, bedeutet das, dass sie die Stimme des Todes gehört hat. Dann muss man ein Haarbüschel von der Kuh ausreißen, unter die Fußsohle legen und sagen: "Ich werde Schuhe aus deinem Leder machen und sie zerreißen."
94 3 92	Wenn eine verwundete Schlange flüchtet, bedeutet das, dass jemand in der Verwandtschaft stirbt.
95 16 252	Wenn eine Schlange ins Zimmer kriecht, dann stirbt der Älteste in der Familie.
96 17 95/4	Es ist am besten, wenn man einen Frosch trifft, dann wird einem die Arbeit des Tages gut gelingen.
97 16 251	Wenn ein Frosch in ein Haus hüpft, dann wird der Besitzer des Hauses reich.
98 13 127	Wenn plötzlich eine Maus jemandem in die Nähe kommt, dann ist das das Vorzeichen vom Sterben eines Menschen.
99 13 131	Wenn dir eine Spinne auf die Schulter klettert, ist das ein Vorzeichen für Freude.
100 13 127	Wenn jemandem eine Fliege in den Mund fliegt, dann ist das die Nachricht vom Sterben eines Menschen.

101
16
242

Wenn die Schakale in der Nacht jaulen, ist das ein Zeichen für einen guten Tag.

*102
16
228

Wenn eine Raupe auf jemandem entlangkriecht, bedeutet das, dass man ein neues Kleidungsstück nähen wird, denn die Raupe misst ab, wie viel Stoff man braucht.

103
18
126

Wenn sich die Ameisen im Sand verstecken, dann regnet es.

Astrale Zeichen

104
16
256

Wenn ein großer Stern erscheint, dann stirbt der König.

105
9
2

Wenn du die Mondsichel zuerst im Hellen siehst, dann wirst du einen frohen Monat haben, aber wenn du ihn im Trüben siehst (in den Wolken oder den Zweigen der Bäume), dann wirst du in diesem Monat Unglück haben.

106
17
96/8

Wenn man den Neumond sieht, dann stellt man sich neben den besten Menschen. Es ist auch gut, wenn man eine Kirche oder einen Hund sieht, aber ein Schwein zu sehen ist schlecht, denn davon kann man Läuse bekommen.

107
16
258

Eine Mondfinsternis ist ein Vorzeichen für den Tod des Königs.

| 108 |
| 18 |
| 123 |

Wenn am Morgen ein Regenbogen am Himmel zu sehen ist, dann wird es am Abend regnen.

| 109 |
| 13 |
| 131 |

Wenn es ein sonniger Tag ist und dennoch regnet, dann musst du dich hinsetzen und einen Korb flechten, um die Ernte einzubringen, denn es bedeutet, dass du eine reiche Ernte haben könntest.

| 110 |
| 9 |
| 130 |

Wenn eine Frau beim Waschen gutes Wetter hat, bedeutet das, dass ihr Mann sie mag.

Feuer

| 111 |
| 10 |
| 135 |

Wenn sich eine angezündete Kohle aufrecht hält, dürfen Sie ein Geschenk erwarten.

| *112 |
| 11 |
| 2/29 |

Wenn im Feuer eine lange Kohlenglut erscheint, bedeutet das, dass ein Gast kommt.

| *113 |
| 16 |
| 265 |

Wenn jemanden ein Funke trifft, dann wird man mit einem Verwandten streiten.

| *114 |
| 16 |
| 266 |

Wenn sich die Kette, die über dem Feuer hängt, nach unten bewegt, dann wird ein seltener Gast kommen.

| *115 |
| 17 |
| 97/4 |

Wenn jemandem beim Fest *Lamproba* die Leuchte erlischt, bedeutet das, dass der Träger der Leuchte bald stirbt.

Essen

116 13 113	Wenn einem ein Bissen aus dem Mund in die Schale fällt, dann sagt man, dass es ein Zeichen für Böses ist und dass man die Nachricht vom Tod eines Menschen bekommen wird; andere sagen aber, es bedeutet, dass ein Hungriger kommen wird.
*117 4 26	Wenn beim Essen ein Stück Brot unerwartet in die Schale fällt, bedeutet das, dass ein hungriger Gast kommen wird.
118 13 140	Wenn einem beim Essen Krümel in den Schoß fallen, bedeutet das, dass man eine schmutzige Frau bekommt.
119 16 266	Wenn beim Essen ein Messer hinunterfällt, dann kommt eine Frau zu Besuch, wenn eine Gabel hinunterfällt, dann kommt ein Mann.
120 16 266	Wenn beim Essen ein Messer oder ein Löffel hinunterfällt, dann kommt ein Gast.
121 9 59	Wenn beim Essen ein Löffel auf den Boden fällt, bedeutet das, dass eine Frau zu Besuch kommen wird.
122 13 126	Wenn man einen Bissen nicht hinunterschlucken kann, bedeutet das, dass jemand von den Verwandten hungrig ist.

123
10
134

Wenn Sie sich beim Essen auf den eigenen Finger gebissen haben, seien Sie auf einen hungrigen Gast gefasst!

124
10
133

Wenn Ihnen eine Feder oder ein Haar in den Mund kommt, bedeutet das, dass Sie Fleisch essen werden.

125
16
273

Wenn man sich auf die Zunge beißt, dann wird man von einer Sünde erfahren.

Andere Omina

126
16
263

Wenn man morgens mit dem linken Fuß zuerst aufsteht, wird man den ganzen Tag keinen Erfolg haben.

127
9
27

Wenn man am Morgen zuerst einen Mann sieht, bedeutet das Freude, wenn man eine Frau sieht, Leid; wenn man einen Arbeiter sieht, wird man Erfolg haben.

128
5
108

Wenn Braut und Bräutigam in die Kirche gehen und ihnen auf dem Weg zuerst ein Mann entgegenkommt, dann werden sie als erstes Kind einen Sohn haben, wenn ihnen eine Frau entgegenkommt, eine Tochter.

129
5
108

Wenn Braut und Bräutigam aus der Kirche kommen und ihnen auf dem Weg zuerst ein Witwer entgegenkommt, dann wird der Ehemann zuerst sterben, wenn sie eine Witwe treffen, dann wird zuerst die Ehefrau sterben.

| 130 16 309 | Wenn ein Junge der Mutter ähnlich sieht, bringt das Glück, wenn er dem Vater ähnlich sieht, bringt es Unglück. |

| 131 16 309 | Wenn ein Junge freiwillig anfängt, den Hof zu fegen, bedeutet das, dass ein Gast kommt. |

| 132 9 12 | Wenn ein Kind von draußen hereinkrabbelt, dann wirst du einen Gast erwarten, wenn das Kind aber von drinnen nach draußen kriecht, wird jemand vom Haus auf die Reise gehen. |

| 133 17 94/5 | Wenn sich ein Baby mit den Händen ins Gesicht schlägt, dann bedeutet das, dass jemand im Dorf stirbt. |

| *134 9 109 | Wenn in einer Familie drei Geschirrteile zerbrechen, stehen diese stellvertretend für jemanden. |

| 135 9 132 | Wenn ein Spiegel zerbricht, bedeutet das Böses – einer der Verwandten wird sterben. |

| 136 9 80 | Wenn eine Leiche starr ist, ist das ein gutes Zeichen, aber wenn sie weich ist, wird sie einen der Verwandten mitnehmen. |

| 137 4 20 | Wenn sich ein Messer oder ein Beil mit der Schneide nach oben aufstellt, bedeutet das, dass ein Tier geschlachtet werden soll. |

| *138 |
| 16 |
| 268 |

Wenn ein Stuhl mit den Beinen nach oben umkippt, dann wird ein Tier im Haushalt krank.

| 139 |
| 16 |
| 267 |

Wenn es im Haus klopft und man weiß nicht, woher es kommt, ist es ein Vorzeichen für den Tod. In diesem Fall sagt man: "Der Tod hat angeklopft."

| 140 |
| 9 |
| 83 |

Salz verstreuen bedeutet Streit.

| 141 |
| 16 |
| 269 |

Ein gefundenes Hufeisen bringt Glück.

| 142 |
| 9 |
| 32 |

Wenn am Sabbat der Mann von der Synagoge zurückkommt und den Wein segnet, dann schaut er in die Weinschale: Wenn er sein eigenes Auge sieht, bedeutet das, dass er bis zum nächsten Sabbat keine Sorge haben wird. Wenn sich der Wein in der Schale rechts herum dreht, ist das auch ein gutes Zeichen: er wird erfolgreich sein; wenn sich der Wein aber falsch herum dreht, ist das ein böses Zeichen, und die Familie wird bis zum nächsten Sabbat ein Unglück erleiden.

| 143 |
| 9 |
| 33 |

Wenn dir ein- und derselbe Mensch an einem Tag zweimal begegnet, dann werdet ihr beide froh sein.

| 144 |
| 9 |
| 101 |

Wenn zwei Personen gleichzeitig dasselbe sagen, werden beide alt werden.

145
9
23

Wenn eine zum Verkauf bestimmte Ware hinunterfällt, dann wird sie bald verkauft werden.

146
9
42

Wenn dich jemand zufällig anspuckt, dann bekommst du etwas Neues.

147
9
61

Wenn sich beim Nähen ein Faden verknotet, bedeutet das, dass du ein neues Kleidungsstück nähen wirst.

*148
9
41

Wenn sich ein Mädchen mit der Nadel in den Finger sticht, dann gefällt sie jemandem.

TABUS

Wochentage, Jahreszeiten, Feste, Mondphasen

*149 2 147	Am Montag geht man nicht auf Reisen, auch nicht, wenn es sehr wichtig wäre. Wenn man schon unterwegs ist, trinkt man an diesem Tag kein Wasser aus einem Fluss oder Bach, auch wenn man vor Durst umkommt. Man ist davon überzeugt, dass an diesem Tag der Mond eine böse Kraft ausübt und mit Hilfe von giftigen Tieren das Wasser vergiftet, so dass man auf jeden Fall krank wird, wenn man davon trinkt.
150 2 153	Am Montag gibt man niemandem etwas vom Haus, weder verkauft noch verschenkt oder verleiht man es, wie groß auch die Verpflichtung sein mag. Man ist davon überzeugt, dass es den Mond anregt, wenn man etwas aus dem Haus gibt, und er wird das Haus langsam leeren, der Besitzer wird arm und unglücklich.
151 5 89	Die Mingrelier denken, dass man am Montag niemandem etwas verkaufen, verschenken, ausleihen oder zurückzahlen darf. Man darf nichts aus der Hand geben. Man denkt, wenn man am Montag etwas weggibt, dann folgt der ganze Segen diesem Gegenstand.
152 16 275	Wenn man dem Nachbarn montags Geld gibt, dann wird man in dieser Woche Geld nur ausgeben.
153 16 275	Montags darf man nicht Mehl weggeben, sonst wird der zum Essig bestimmte Wein nicht zu Essig.

| 154
16
272 | Montags darf man sich nicht die Haare waschen: Wenn man es am Morgen tut, wird die Schwester sterben, wenn am Abend, dann der Bruder. |

| *155
14
88 | Eine Frau darf sich nicht am Montag den Kopf waschen, man sagt über die, die diese Regel brechen: "Du darfst dir nicht am Sonntag nach Sonnenuntergang den Kopf waschen. Wer ihn aber wäscht, dem töte ich entweder den Ehemann oder den lieben Bruder." |

| 156
1
44r | Man darf sich nicht am Montag kämmen oder nähen, sonst wird ein Raubtier das Vieh erbeuten. |

| 157
1
44r | Im manchen Dörfern dürfen vom Käse der Milch, die am Montag gemolken wird, nur Männer essen, Frauen dürfen ihn nicht essen, sonst würden die Kühe wenig Milch geben. |

| 158
17
96/4 | Den Montag darf man nicht untätig verbringen, sonst verliert man die ganze Woche. |

| 159
9
103 | Montags und mittwochs darf man sich nicht die Fingernägel schneiden. Man sagt: "Unglücklich ist die Mutter, die ihrem Kind am Montag oder Mittwoch die Fingernägel schneidet." |

| 160
14
30 | Am Samstag, Montag und Freitag darf man sich nicht die Fingernägel schneiden, weil dann ein Misserfolg eintreten oder sogar ein Sterbefall passieren kann. Denn über den Samstag wird folgendes gesagt: "Wer denkt, dass seine Familienmitglieder zu zahlreich sind, soll am Samstag seine Fingernägel schneiden." |

| 161
| 10
| 134

Geben Sie montags und donnerstags niemandem vom Feuer ab; die Hühner würden keine Eier mehr legen.

| *162
| 1
| 44r

Frauen dürfen am Dienstag und Donnerstag nach Sonnenuntergang keine Arbeit verrichten, sonst würde die Zahl des Viehs reduziert.

| 163
| 4
| 23

Freitags darf man nicht eine Henne zum Brüten auf die Eier setzen, sonst werden viele Hähnchen ausgebrütet. Eine Pute setzt man aber am Freitag gern auf die Eier, weil man dann viele Puter bekommt.

| 164
| 4
| 13

Wer am Samstag den Abendbrotstisch deckt, muss den Tisch nach dem Essen auch wieder abdecken, sonst verliert derjenige sein Schicksal.

| 165
| 4
| 15

Eine Frau, deren Kind gestorben ist, trinkt am Samstag kein Wasser: "Sonst wird man mein Kind im Jenseits nicht trinken lassen, man wird sagen: Dein Wasser hat schon deine Mutter getrunken."

| 166
| 4
| 14

Eine Frau, deren Kind gestorben ist, wäscht sich nicht am Samstag den Kopf: "Sonst wird man meinem Kind im Jenseits den Kopf nicht waschen, man wird sagen: Dein Wasser hat schon deine Mutter benutzt."

| 167
| 1
| 44r

Man darf nicht am Sonntag Haare schneiden: Sie würden Gott erreichen.

| 168 |
| 9 |
| 1 |

Man darf nicht bei Neumond Wäsche waschen oder Stoff schneiden, sonst gelingt es nicht.

| 169 |
| 11 |
| 2/20 |

An Neujahr darf man niemandem eine Nuss oder Erdnuss geben. Man denkt, dass dann sein Geschirr zerbricht.

| 170 |
| 13 |
| 130 |

Im Frühjahr darf man keinen Zugvogel (Schwalbe oder Kuckuck) sehen oder hören, bevor man gefrühstückt hat, sonst wird man [von den Vögeln] besiegt, und das Jahr wird ohne Segen sein.

| *171 |
| 4 |
| 25 |

In der Zeit vor Himmelfahrt darf man Milch und Sauermilch nicht nach draußen bringen, sonst wird der Segen mit hinaus gehen.

| 172 |
| 12 |
| 70 |

Eine Braut, die im Mai geboren ist, muss am Hochzeitstag durch die hintere Tür hinausgeführt werden, sonst wird sie ihren Mann wechseln, d.h. ihr Mann wird bald sterben.

| *173 |
| 1 |
| 43r |

Am Georgs-Fest darf die Familie nichts ausleihen oder ihre Sachen bei anderen lassen. An dem Tag darf man auch nicht von draußen laut ins Haus rufen. Auf diese Sitte muss man auch vor dem Beginn des Pflügens, an Neujahr, vor der Reise und am Tag des Dreschens achten.

Tag und Nacht[9]

*174 4 16	Bei Sonnenuntergang darf man nichts essen. Man sagt, zu dieser Tageszeit wird den Menschen ihr Schicksal zugeteilt, und wenn jemand zu der Zeit isst, bleibt er ohne Schicksal.
175 17 97/5	Nach Sonnenuntergang darf man nicht um einen gestorbenen Menschen seufzen und weinen.
*176 11 2/10	Man darf nicht nach Sonnenuntergang die Mehlsiebe nach draußen bringen; wenn man sie doch hinausbringen muss, dann muss man sie unter dem Rock verstecken.
*177 11 2/17	Man darf nicht nach Sonnenuntergang Kaugummi kauen, sonst stirbt der Bruder.
178 16 268	Nach Sonnenuntergang darf man nicht fegen, denn das kann Armut verursachen.
179 11 2/27	Man darf nicht nach dem Untergang der Sonne Abfall wegbringen, sonst wird sich die Dämmerung auf die Augen legen.
180 13 140	Nach Sonnenuntergang darf man nicht Milch, Weizen oder Mehl aus dem Haus geben, sonst verlieren diese Nahrungsmittel ihren Segen.

---

[9] Siehe auch: 247.

| 181
13
130 | Nach Sonnenuntergang darf man nicht Wasser direkt aus dem Fluss oder Bach trinken; wenn es überhaupt keinen Ausweg gibt, dann muss man sich zuerst dreimal eine Handvoll Wasser über den Kopf gießen und erst danach trinken, damit kann man die Gefahr vermeiden, der man wegen dieser Sünde sonst ausgesetzt wäre. |

| *182
11
2/4 | Man darf sich nicht am Abend in die Tür setzen, sonst kommt der Engel nicht herein. |

| 183
11
2/14 | Man darf nicht ohne Abendbrot ins Bett gehen, sonst besiegt dich der Traum. |

| 184
9
60 | Man darf nicht auf Kissen aus Entenfedern schlafen, sonst wird man böse Träume haben. |

| 185
13
132 | Wenn man in der Nacht oft Alpträume hat, dann darf man niemandem von diesen Träumen erzählen, man muss mit den Träumen schimpfen, dann hat man keine Alpträume mehr. |

| 186
16
269 | Nachts darf man keinen Essig vom Fass in die Flasche füllen oder ausleihen, sonst verdirbt der Essig. |

| *187
4
28 | Wenn man bei Tag ein Märchen erzählt, dann wird man seine Unterwäsche verlieren. |

Sterne

| 188 | Wenn du siehst, dass ein Stern fällt, dann musst du ihm zu-
| 9 | rufen: "Ich erinnere mich, ich erinnere mich", sonst verlierst
| 38 | du dein Gedächtnis.

| *189 | Man darf die Sterne nicht zählen, sonst bekommt man eine
| 9 | Warze.
| 37 |

Schwangerschaft

| 190 | Eine Frau darf nicht zwischen zwei Männern hindurch-
| 9 | gehen, sonst wird sie Töchter bekommen.
| 100 |

| 191 | Eine unverheiratete Frau darf sich nicht auf einen Stein
| 5 | setzen: Der Stein ist ein Symbol von Kälte und Unfruchtbar-
| 110 | keit, und wer dieses Verbot mißachtet, wird von Kinder-
| | losigkeit bedroht.

| 192 | Eine unverheiratete Frau darf sich nicht auf einen Maulesel
| 5 | setzen, sonst wird sie kinderlos bleiben.
| 110 |

| 193 | Man darf einer unverheirateten Frau keine Haselnüsse zu
| 5 | essen geben, die doppelt sind, sonst wird sie nach der Hoch-
| 110 | zeit Zwillinge bekommen.

194 9 105	Wenn eine Frau während der Schwangerschaft Büffelfleisch isst, dann verzögert sie die Geburt ihres Kindes, es sei denn, dass ihr Mann auch davon isst. Und wenn der Mann während ihrer Schwangerschaft Fleisch, Milch oder Käse vom Büffel isst, dann muss auch die Frau davon essen, sonst verzögert er die Geburt des Kindes. Gleiches gilt auch, wenn sie im Nachhinein bemerkt, dass sie Büffelfleisch gegessen hat, dann muss der Mann auch welches essen.
195 8 271	Eine Schwangere darf vor der Geburt keinen Honig essen, sonst wird das Kind zu viel Speichel haben.
196 8 271	Eine Schwangere darf nicht vor der Geburt Honig, Erdnüsse oder Walnüsse essen, sonst wird das Kind einen schmutzigen Körper haben.
197 8 271	Man darf eine Schwangere nicht zur Ader lassen, sonst wird das Kind Epileptiker.
198 9 119	Wenn eine Schwangere im Haus ist, dann darf man nicht das Haus verlassen, ohne sich zu setzen, sonst zerstört man die Schwangerschaft.
*199 9 104	Eine Schwangere darf nicht mit der Hand erst die Milz von einem geschlachteten Tier und dann ihren Körper berühren, sonst könnte ihr Kind einen Leberfleck an diesem Teil seines Körpers bekommen.

| 200 8 272 | Eine Schwangere darf nicht zu einer Frau gehen, die gerade ein Kind gebiert, sonst könnte das Kind im Bauch der Schwangeren dem anderen sagen, dass es auf ihn warten soll, und die Geburt wird schwer gehen. |

Kinder[10]

| 201 9 20 | Man darf nicht etwas über die Wiege reichen, wenn in der Wiege ein Kind liegt, sonst werden seine Tage kurz. |

| *202 16 308 | Man darf nicht zwischen der Wiege und der Mutter hindurchgehen, wenn in der Wiege ein Kind liegt, sonst wird der Tod das Kind und die Mutter trennen. |

| 203 9 14 | Wenn du ein Tuch vom Gesicht des in der Wiege liegenden Kindes wegnimmst, dann sollst du zuerst nach oben schauen, sonst kann ein böser Blick von dir das Kind treffen. |

| *204 9 16 | Wenn in der Wiege kein Kind liegt, dann darf man die Wiege nicht mit einem Tuch zudecken, sonst wächst das Kind nicht. |

| 205 8 272 | Man darf nicht die leere Wiege schaukeln, sonst tut dem Kind der Bauch weh. |

| 206 13 134 | Ein Kind darf man nicht auf den Hals küssen, sonst wird es streitsüchtig. |

---

[10] Siehe auch: 304.

| 207 |
| 13 |
| 134 |

Man darf nicht dem Kind die Schamgegend küssen, sonst wird das Kind schamlos und frech.

| 208 |
| 16 |
| 309 |

Man darf sich nicht von einem Kind küssen lassen, sonst wird es lange nicht mit dem Sprechen beginnen.

| *209 |
| 11 |
| 2/6 |

Wenn man über ein Kind hinübersteigt, muss man den Schritt wieder zurückmachen, sonst wird das Kind nicht wachsen.

| 210 |
| 9 |
| 17 |

Die Wäsche von einem Kind darf man nicht in der Nacht draußen lassen, sonst wird das Kind schlecht gelaunt.

| 211 |
| 9 |
| 18 |

Das Wasser, mit dem man ein Kind gewaschen hat, darf man nicht aufheben, sonst kann das Kind nicht einschlafen.

| 212 |
| 9 |
| 13 |

Man darf ein Kind, das noch nicht ein Jahr alt ist, nicht in den Spiegel schauen lassen: Es wird sich vor dem Wasser fürchten.

| 213 |
| 16 |
| 308 |

Man darf das Kind nicht kämmen, bevor es zwei Jahre alt ist, sonst wird es dünnes Haar haben.

| 214 |
| 13 |
| 138 |

Ein Kind darf nicht rückwärts gehen, sonst wird es bald verwaist sein.

215
13
146

Ein Kind darf nicht zwischen seinen Beinen hindurch nach hinten schauen. Das ist eine Sünde gegen die Erde und den Himmel. Beide werden versuchen, seine Ernte und sein Vieh zu vernichten, wenn das Kind groß ist.

216
13
134

Ein Kind darf nicht Steinchen in den Himmel werfen, das beleidigt Gott.

217
13
138

Ein Kind darf nicht wie eine Katze miauen, sonst berührt es der Engel drei Nächte lang nicht.

Fingernägel und Haare[11]

218
9
39

Man darf nicht ausgekämmtes Haar wegwerfen oder im Feuer verbrennen: Wenn ein Vogel dein Haar in sein Nest legt, kann dir das Kopfschmerzen verursachen.

219
6
190

In Pšavi wirft man seine abgeschnittenen Haare oder Barthaare nicht weg; man denkt, dass der Teufel sie in Besitz nimmt. Deshalb verbrennt man sie entweder oder versteckt sie an einem geheimen Ort.

220
11
3/38

Man darf nicht die Finger- oder Fußnägel mit dem Messer schleifen, sonst wird die Sippe reduziert.

221
14
86

Auf Reisen darf man sich nicht die Fingernägel schneiden, sonst wird man keinen Erfolg haben.

---

[11] Siehe auch: 154, 156, 159, 160, 166, 167.

Schere, Nadel und Stoffe

| 222
5
110 | Eine Frau darf aus ihrem Haus in die Familie des Ehemannes keine Nadel oder Schere mitnehmen, denn das kann das Unglück im Leben des Ehepaares bewirken. |

| 223
9
8 | Man darf nichts an ein Kleidungsstück annähen, das ein Mensch gerade anhat, sonst stirbt er bald. |

| *224
11
2/19 | Man darf nicht an ein Kleidungsstück einer unverheirateten Frau oder eines unverheirateten Mannes etwas annähen, auch wenn das Stück nur klein ist, sonst heftet man dem Unverheirateten sein/ihr Schicksal an. |

| 225
9
96 | Wenn du für jemanden einen Faden in die Nadel fädelst, dann darfst du nicht die Enden verknoten, sonst werdet ihr einander hassen. |

| 226
9
26 | Zugeschnittenen Stoff darf man nicht auf das Bett legen, sonst wird er verspätet genäht. |

| 227
13
135 | Ein neues Kleidungsstück darf man nicht zuerst jemand anderen anziehen lassen, sonst wird es im Jenseits dem anderen gehören. |

| 228
4
1 | Der Schuhmacher näht keinen einzelnen Schuh; er denkt, das wird den Tod seiner Frau verursachen. |

Besen

| 229 13 121 | Man darf niemanden mit dem Besen schlagen, sonst wird er entweder verzaubert oder eine Beute des Wildes. |

| 230 16 309 | Man darf ein Kind nicht mit dem Besen schlagen, sonst wächst es nicht. |

| 231 5 110 | Wenn man einen Mann mit einem Besen schlägt, dann wird er zum Besen, das heißt, er wird seine Potenz verlieren. Um dieses Unglück zu vermeiden, muss der Schlagende seinen Besen dem Mann unter die Füße legen, damit er mit den Füßen auf den Besen treten kann, so wird die negative Wirkung des Besens verschwinden. |

Waffen

| *232 13 131 | Man darf nicht mit dem Gewehr jemanden ins Visier nehmen, auch nicht, wenn es nicht geladen ist, denn dann freut sich der Teufel und kann dich so in die Irre führen, dass dir ein Mord passiert. |

| 233 13 131 | Man darf nicht über ein Gewehr hinübersteigen, sonst wird es verzaubert und trifft sein Ziel nicht mehr. |

Feuer

| 234 11 2/26 | Wenn jemand die Kette schaukelt, die über dem Feuer hängt, dann werden andere ihn schnell davon abhalten, sonst droht Armut. |

*235
11
2/3

Man darf nicht die Glut mit dem Fuß wegschieben: Wenn ein Feind einem anderen begegnet, dann schiebt man die Glut mit dem Fuß weg.

236
13
121

Man darf nicht die Glut hin und her werfen, sonst wird man ins Bett machen.

*237
13
121

Kirschholz darf man nicht ins Feuer legen, das kann den Tod der Pferde verursachen.

238
11
2/1

Man darf nicht das Holz mit dem Ende ins Feuer legen, man denkt, dass das Kopfschmerzen für den Schwiegersohn verursacht.

239
14
95

Man darf nicht das Holz rückwärts, d.h. mit der Spitze voran, ins Feuer legen, sonst werden die Bemühungen der Familie misslingen.

240
9
56

Eierschalen oder Knochen darf man nicht ins Feuer werfen, das kann Armut verursachen.

241
13
144

Beim Kochen darf die Milch nicht ins Feuer spritzen, sonst werden die Kühe keine Milch geben, und ihnen wird das Euter wehtun.

242
13
121

Man darf nicht über dem Feuer urinieren, sonst bekommt man eine Blasenentzündung.

243
11
2/2

Man darf sich nicht auf die Feuerstelle setzen, sonst erscheint dem Sitzenden der Tod.

244
11
2/18

Wer sich auf den Dreifuß setzt, wird Witwe bzw. Witwer.

245
4
11

Wenn man einen Dreifuß vom Feuer nimmt und nicht umgekippt hinlegt, dann wird der Dreifuß den Ledigen der Familie verfluchen: Möge dich so wie mich eine Feuerkrone bedecken!

246
4
1

Man darf an einem Dreifuß keinen Fuß auswechseln, sonst wird einem die Frau sterben.

247
11
2/12

Man darf nicht nach dem Untergang der Sonne jemandem Feuer geben, wenn man zu Hause ein Kind ohne Milchzähne hat.

Haus

248
9
52

Ein Jude darf sich kein Haus bauen oder auch nur ein Fundament legen, sonst stirbt ihm ein Nahestehender: Der folgt dem Fundament nach.

249
4
10

Wenn man hinten an das Haus etwas anbauen will, tut man das doch nicht, denn man denkt, dass man das Haus hintergeht, also der Segen verlorengeht.

*250
9
54

Man darf nicht jemandem auf der Schwelle die Hand schütteln, sonst wird es Streit geben.

| 251 |
| 9 |
| 53 |

Du darfst niemanden auf der Schwelle stehen lassen, sonst kommt einer, bei dem du Schulden hast.

| 252 |
| 9 |
| 128 |

Wenn du ins Hause trittst, dann musst du zuerst den rechten Fuß hineinsetzen. Wenn du aus dem Haus trittst, dann musst du dich dreimal umdrehen und sagen: "Herr, der du die Erde und die Himmel geschaffen hast, lass mich so friedlich heimkehren wie ich jetzt aus dem Hause gehe."

| 253 |
| 16 |
| 269 |

Man darf nicht durch das Fenster ins Haus steigen, sonst wird man krank.

| 254 |
| 9 |
| 57 |

Man darf nicht die Tür verfluchen, das macht den Nacken unbeweglich.

| 255 |
| 16 |
| 269 |

Wenn man eine Türklinke nutzlos betätigt, dann wird einem der Nacken weh tun.

| 256 |
| 10 |
| 135 |

Wenn Sie im Haus pfeifen, wird der Dieb sich einschleichen.

| 257 |
| 16 |
| 232 |

Man darf nicht zu Hause pfeifen, während ein Huhn brütet, sonst werden die Eier verderben.

| 258 |
| 16 |
| 268 |

Man darf den Regenschirm nicht im Zimmer öffnen, sonst stirbt jemand im Haus.

*259 9 84	Man darf nicht die Mütze auf den Tisch legen, sonst gibt es Streit.

*260 9 90	Man darf nicht den Tisch mit Papier abwischen, sonst wird man Not erleiden.

261 16 233	Es dürfen nicht dreizehn Personen am Tisch sitzen, sonst stirbt einer von ihnen.

262 9 131	Man darf nicht in die Toilette gehen oder aus ihr herauskommen ohne hineinzuspucken, sonst geschieht einem etwas Übles.

Unterwegs[12]

*263 9 117	Wenn man von zu Hause weggeht, darf man nicht auf dem Weg umkehren, sonst setzt man sich einer Gefahr aus.

264 13 138	Man darf nicht mit nur einem Schuh losgehen, das bringt Not und Gefahr.

265 7 189	Man darf nicht mit zwei Stöcken gehen, sonst stirbt einem die Mutter.

266 16 268	Wenn man mit einem Stock vom Haus weggeht und ohne ihn zurückkehrt, dann gibt es zu Hause ein Unglück.

---

[12] Siehe auch: 149.

| *267 10 134 | Wenn ein Gast Sie verlässt, fegen Sie nicht gleich nach seiner Abreise! |

| 268 9 92 | Einen Tag und eine Nacht nach der Abfahrt eines Reisenden darf man nicht fegen, damit der Reisende gut zurückkehrt, sonst wird auch der Segen hinausgefegt. |

| 269 9 93 | Wenn jemand aus dem Haus auf Reisen gehen will, dann darf ein Besucher nicht durch die andere Tür hinausgehen als die, durch die er hereingekommen ist. So wird dem Reisenden nicht geschadet. |

| 270 17 94/8 | Man darf nicht nach einer Frau rufen, die unterwegs ist. Wenn es doch passiert, dann ist es besser, dass die Frau umkehrt und erst später geht. |

| 271 9 30 | Lass einen Entgegenkommenden zuerst dich begrüßen, du sollst ihn nicht zuerst begrüßen. |

Brot[13]

| *272 9 112 | Man darf das Brot nicht mit der Unterseite nach oben hinlegen, sonst werden einem die Bemühungen misslingen. |

| 273 16 261 | Man darf nicht aus gebackenem Brot Kugeln formen, das kann Schmerzen in den Händen verursachen. |

---

[13] Siehe auch: 303.

274 9 114	Man darf nicht mit dem Fuß auf Brot oder Maisbrot treten, sonst wird man das Brot der Armut essen.

*275 13 141	Wenn in den Dörfern von Erts'o jemand von seinem Nachbarn ein Brot ausleihen will und dieser kein Brot hat, dann sagt er dem anderen nicht, dass er kein Brot hat, sondern: "Mein Fass ist voll". Das ist für den Bittenden ein klarer Hinweis, dass der Nachbar nichts auszuleihen hat. Man darf nicht sagen "ich habe keines", weil das Mangel und Übel verursachen kann.

276 16 266	Ein Stück Brot muss man ganz aufessen, sonst wird einen die Kraft verlassen.

277 13 129	Brot darf man nicht im Liegen essen, sonst nimmt man nicht zu, stattdessen werden die Teufel satt und fett.

278 13 129	Man darf sich beim Brotessen nicht strecken, sonst sagt der Teufel: "Mein kleines Opfer ist schon satt und hat die Glieder gestreckt", und deshalb wächst man nicht mehr, und man wird keinen Erfolg haben.

*279 11 2/11	Wer noch Eltern hat, darf nicht die Brotkanten essen; wer nicht darauf achtet, dem stirbt die Mutter, deshalb werden bei der Messe oder der Hochzeitsfeier dem Brot die Kanten abgebrochen und den Waisenkindern gegeben, weil sie ohnedies keine Eltern mehr haben.

Andere Nahrungsmittel[14]

*280
5
110

Man darf einem jungen Mädchen keinen Vogelmagen zu essen geben, sonst wird sein Gesicht am Hochzeitstag unter der Krone die schöne Rosenfarbe verlieren und die blaue Farbe des Vogelmagens annehmen.

281
16
233

Man darf nicht das Gehirn von Tieren essen, sonst fällt man hinunter, wenn man auf den Baum klettert.

282
11
3/21

In Rač'a sagt man, eine Wachtel ist im Winter in die Erde gegangen und hat ihren Kopf zu der Schlange gelegt, deshalb darf man den Kopf von der Wachtel nicht essen, und wenn man eine Wachtel fängt, wirft man den Kopf weg.

283
4
7

Wenn jemand Milch kocht und währenddessen jemand kommt und um Feuer bittet, gibt man es ihm nicht, sonst wird die Milch zu warm, und man bekommt kaum Butter davon.

284
15
30

Nach dem Käse darf man nicht Fisch essen.

285
9
99

Einen Hefeteig darf man nicht jemandem geben, der treulos ist, sonst wird der Wohlstand von der Familie weggehen.

---

[14] Siehe auch: 157, 169, 171, 180, 186, 193-196, 241.

286 9 77	Wenn du dem Nachbarn einen Teil der Ernte ausleihst: Mehl, Mais oder Getreide, dann musst du aus seinem Gefäß mit zwei Fingern etwas nehmen, und zurück in dein eigenes Gefäß werfen und dreimal sagen: "Möge hier Segen sein, möge hier Reichtum sein."

*287 11 3/30	Wenn jemand sich von seinem Nachbarn Knoblauch leiht, dann nimmt er ihn nicht aus der Hand, sondern der Geber wirft den Knoblauch auf den Boden, denn man will nichts Bitteres geben, und man gibt ausgeliehenen Knoblauch auch nicht zurück.

288 16 265	Wenn man nicht lacht, während man jemandem Salz gibt, wird man streiten.

289 9 94	Man darf geliehenes Salz nicht zurückgeben, sonst gibt es Streit.

290 11 2/7	Der Imker darf nicht mit dem Löffel essen, sonst werden seine Bienen wegfliegen, wenn sie einen neuen Stamm bilden.

291 13 132	Wenn das Essen in der Schale zur Neige geht, dann darf man nicht mit dem Löffel am Boden der Schale ritzen. Sonst hört das das Dach, und man wird man zu Armut verurteilt.

*292 5 110	Man darf nicht den Boden eines Topfes mit den Fingern auskratzen. Wer dieses Verbot nicht beachtet, wird dadurch bestraft, dass es an seinem Hochzeitstag regnet.

Wasser[15]

| 293 11 2/31 | Man darf nicht beim Dreschen Wasser über den Dreschplatz reichen, sonst regnet es. |

| 294 13 141 | Man darf nicht ins Wasser urinieren; wer das tut, kann im Wasser ertrinken. Das Wasser wird davon aber nicht verschmutzt, und man darf sogar in einer Entfernung von drei Peitschengrifflängen davon trinken; so ist es von Jesus Christus gesegnet worden. |

| 295 9 79 | Du darfst kein kochendes Wasser auf die Erde gießen, denn wenn in diesem Moment Šedi, der böse Engel, seine Kinder draußen an der frischen Luft hat, könntest du sie zufällig mit siedendem Wasser übergießen und töten, und dann versucht der Engel, dir Schaden zu bringen und ruht nicht, bis er dein Kind verletzt hat. |

| 296 9 97 | Wenn jemand über eine Stelle geht, wo Wasser ausgegossen wurde, mit dem eine menstruierende Frau sich gewaschen hat, wird dieser Mensch keinen Erfolg haben. Das Wasser muss dort ausgeschüttet werden, wo niemand entlanggeht. |

| 297 13 131 | Es dürfen nicht zwei Menschen gleichzeitig Wasser trinken, sonst werden sie gleichzeitig sterben. |

---

[15] Siehe auch: 181.

Wein

| 298 13 113 | Man darf nicht jemandem ein halbvolles Glas Wein oder Schnaps geben, sonst wird einen die Frau verlassen. |

| 299 9 34 | Wenn eine Frau den Wein trinkt, der am Samstagabend gesegnet wurde, wird ihr ein Bart wachsen. |

| 300 16 266 | Man darf eine Weinflasche nicht ganz austrinken, sondern muss ein bisschen darin lassen: In der Nacht kommt Jesus Christus, steigt in die Flasche und wäscht sich die Füße im Rest des Weins; dann segnet er die Familie und geht weg. Der Wein, der hierfür in der Flasche gelassen werden soll, heißt "der Wein für das Waschen der Füße Christi". |

Tod

| 301 9 75 | Wenn ein Verstorbener noch nicht beerdigt ist, darf man nichts nähen, weil der Verstorbene einen dann verflucht: "Nähe hin und her und folge mir bald!" |

| 302 11 2/23 | Wenn der Pfarrer vor dem Trauerzug geht, dann darf er sich nicht umdrehen; wenn er sich umdreht, stirbt noch jemand. |

| 303 1 4r | Wenn man für eine Trauerfeier Brot backt, dann muss man das erste Brot dem Hund geben, damit er den Hund beruhigt, der einem im Jenseits entgegenkommt. |

304 9 74	Wenn man einen Verstorbenen auf den Friedhof begleitet und man hat ein kleines Kind zu Hause, dann muss man das Kopfteil der Wiege ein bisschen anheben, sonst wird der Verstorbene das Kind schädigen.

305 9 78	Ein sterbender Mensch muss Unterwäsche anhaben. Wenn er keine Unterwäsche anhat und dann stirbt, dann sündigt er und wird im Jenseits mit Feuerpeitschen geschlagen werden.

306 9 81	Man darf nicht jemandem begegnen, der von einer Beerdigung vom Friedhof zurückkommt: Er wird vom Todesengel begleitet, der mit erhobenem Schwert nach einem neuen Opfer sucht.

307 9 129	Wenn eine Frau von einer Trauerfeier nach Hause kommt, dann muss sie ihre Brust mit kaltem Wasser abspritzen und dreimal sagen: "Herr, mach alles kühl, was leidet. Amen!" Vorher darf sie nicht dem Kind die Brust geben

308 17 97/6	Wenn ein Kind stirbt, das noch nicht ein Jahr alt ist, dann darf man es nicht beweinen.

Namentabus

*309 15 30	Die Schwiegertochter darf ihre Schwiegereltern oder ihren Schwager und Schwägerin nicht bei ihrem Namen nennen.

310 15 30	Man darf nicht in der Nacht zu Hause den Namen des Fuchses oder Schakals nennen; stattdessen sagt man "das mit dem Schwanz".

| *311 15 30 | Man darf den Namen der Ameise nicht nennen, besonders nicht im Frühling zu der Zeit, wenn man den Seidenwurm füttert; man sagt "das mit dem Rücken". Zu dieser Zeit nennt man auch die Maus "das mit dem Schwanz". |

| 312 15 30 | Man darf die Schlange nicht "Schlange" nennen, sondern man sagt "das Kriechende". |

Andere Tabus

| 313 11 2/9 | Man darf nicht durch ein Mehlsieb schauen, das kann das Sterben der Mutter verursachen. |

| 314 14 113 | Man darf nicht ungewaschen jemanden begrüßen, sonst wird einem an diesem Tag nichts gelingen. |

| 315 9 24 | Wenn der Mann den Hinterkopf seiner Frau sieht, dann werden sie möglicherweise arm. |

| 316 9 60 | Man darf nicht die Finger ineinander schlingen, sonst wird man dich im Jenseits richten. |

| 317 2 153 | Wenn jemand einen Kranken besucht, darf man nicht seine Hände vor der Brust kreuzen, weil diese Geste ein Zeichen der Trauer ist und man denkt, dass der Besucher damit den Tod herbeirufen könnte. |

| 318 9 25 | Man darf nicht die Hände vor der Brust kreuzen: So ruft man Trauer herbei. |

| 319 9 110 | Zwei Personen dürfen sich nicht gleichzeitig an einem Tuch die Hände abwischen, sonst werden sie einander hassen. |

| *320 9 114 | Wenn man als Brautwerber zu einer Familie geht, dann darf man dort nichts essen, sonst erreicht man sein Ziel nicht. |

| *321 9 125 | Wenn jemand dir auf den Fuß tritt, müsst ihr beide dreimal ausspucken, sonst werdet ihr einander hassen. |

| 322 9 68 | Man darf keine Spinnweben an der Wand lassen, sonst bleibt ein Fluch darin hängen. ———— |

| 323 13 128 | Wenn man ein verrostetes Stück Eisen findet, muss man darauf spucken und es weit wegwerfen; man darf es nicht mit nach Hause bringen, sonst gibt es einen Schaden. |

| 324 13 142 | Man darf nicht nach dem Holzhacken die Axt im Holz stecken lassen, das ist eine Sünde. |

| 325 17 96/2 | Man muss zuerst den rechten Schuh anziehen. Beim Ausziehen muss man zuerst den linken Schuh ausziehen. |

| 326 16 236 | Wer eine Schwalbe tötet, der versündigt sich an Gott, denn die Schwalben sind die Hühner Gottes. |

327
16
266

Wenn man jemandem ein Messer schenkt, dann wird der, der das Geschenk bekommt, einen nicht mehr mögen.

*328
11
3/45

Jemand, der Pocken gehabt hat, darf kein Huhn schlachten; man muss andere damit beauftragen, sonst werden die Geister der Krankheit böse.

329
16
231

Ein Jüngling darf nicht in ein Hühnernest hineinsehen, sonst wächst ihm kein Bart.

330
16
245

An einem Tag, an dem ein Kalb geboren wird, darf man sich kein Geld ausleihen oder welches verleihen, sonst wird das Kalb in deine Kleidung beißen.

VERHALTENSRATSCHLÄGE

Tiere

<table>
<tr><td>*331
17
97/1</td><td>Wer eine Schlange und einen Frosch voneinander trennt, der kann einer gebärenden Frau helfen. Je nachdem, wie schnell er die Tiere voneinander trennt, so lange wird er für die Trennung des Kindes von der Mutter brauchen.</td></tr>
<tr><td>332
17
91/6</td><td>Wenn man eine Eidechse mit dreispitzigem Schwanz fängt, dann muss man sie im Stall unter den Holzboden legen. Eine Eidechse mit zweispitzigem Schwanz ist auch gut, aber die dreispitzige ist besser und läßt das Vieh gedeihen.</td></tr>
<tr><td>*333
17
94/3</td><td>Wenn man sieht, dass ein Schmetterling nach Osten fliegt, dann muss man sagen: "Schmetterling, gib mir deine Leichtigkeit, und nimm meine Schwere mit!" So wird der Schmetterling besiegt.</td></tr>
<tr><td>*334
17
94/4</td><td>Wenn beim Dreschen des Getreides ein Schmetterling auf-fliegt, dann muss man ihn fangen und unter das Joch klemmen. Wenn er wegfliegt, würde er den ganzen Segen mitnehmen.</td></tr>
<tr><td>*335
13
128</td><td>Wenn ein Kuckuck auf dem Baum sitzt, muss man heran-schleichen, dreimal um den Baum herumgehen und jedes Mal flüstern: "Kuckuck, ich habe dir einen Segen gestohlen", dann muss man ein Stück Rinde von dem Baum abbrechen, nach Hause mitnehmen und an das Butterfass hängen, dann wird man viel Butter produzieren.</td></tr>
</table>

Zeit

336 9 9	Wenn man am Morgen, bevor man ein Wort gesagt hat, einem Kranken Wasser bringt und ihm die Füße, Hände und das Gesicht wäscht, dann kühlt seine Krankheit ab.

*337 9 116	Wenn man dem Neumond *Rosch-chodesch* mit Freude begegnet, dann wird man einen fröhlichen Monat haben, wenn man ihm mit trauriger und schlechter Laune begegnet, wird man den ganzen Monat traurig sein.

338 17 96/7	Der erste Montag des neuen Mondes ist gut für den Anfang des Pflügens.

339 17 96/6	Die 6., 7., 10. und 17. Tage des Mondkreislaufs und die Tage, an denen der Mond unsichtbar, also weder alt noch neu ist, sind gut für den Anfang der Ernte. Die erstgeschnittenen Ähren hängt man unter das Dach und benutzt sie nicht.

*340 13 119	Wenn man im Frühling zum ersten Mal den Donner hört, dann muss man einen Gegenstand aus Eisen nehmen und dreimal hineinbeißen, dann wird man harte Zähne haben, und sie werden einem lange dienen.

Wetter

341 18 122	Wenn man bei Regen im Eingang des Hofes ein Kreuz aus Streichhölzern hinlegt und Salz darauf streut, dann hört der Regen auf.

| 342 18 121 | Wenn es regnet, muss man Salz auf den Boden streuen, dann hört es auf zu regnen. |

| 343 13 123 | Wenn man den Regenbogen sieht, muss man dreimal sagen: "Regenbogen, ich habe dich gesehen, stärke meinen Rücken," und man wird ein starkes Kreuz bekommen. |

Dämonen

| *344 9 120 | Wenn man zu Hause eine Person mit einer ansteckenden Krankheit hat, dann muss man in der Nacht ein Glas Wasser, ein Ei und ein wenig Kleingeld an das Kopfende legen; am Morgen muss man, ohne zu sprechen, diese Dinge nehmen und dreimal um den Kopf des Kranken kreisen lassen, dann aus dem Haus nehmen und am Kreuzweg hinlegen. Wenn man dann nach Hause kommt, muss man dem Kranken dreimal zurufen: "Sie haben gesagt, wir lassen dich frei und stellen dich wieder auf." |

| *345 17 94/7 | Wenn man das Gefühl hat, dass einen jemand ruft, ist das schlecht. Man muss dann sagen: "Da ruft Madzaxura den, der mich gerufen hat." |

| 346 17 96/3 | Wenn man sich hinlegt, muss man sich auf die linke Seite legen, weil damit der Teufel unter einem liegt und der Engel auf der rechte Seite bleibt. Wenn man aber aufsteht, dann muss man mit dem rechten Fuß zuerst aufstehen. |

Träume

| 347
9
7 | Einen bösen Traum muss man ins Feuer hineinrufen. |

| *348
9
127 | Einen Traum muss man zuerst einem treuen Menschen erzählen. So wie er ihn deutet, wird der Traum in Erfüllung gehen. |

Kinder

| 349
9
11 | Dem neugeborenen Kind muss man ein Hemd anziehen, das man aus einem alten Hemd des Vaters genäht hat, dann wird es das Lieblingskind des Vaters sein. |

| 350
9
44 | Wenn eine stillende Frau sich fürchtet, muss sie drei Tropfen von der Milch auf ihren Daumennagel tropfen und erst danach das Kind saugen lassen, dann wird die erschrockene Brust dem Kind nicht schaden. |

| 351
9
19 | Wenn dem Kind viel Speichel fließt, dann muss die älteste Schwester des Vaters den Speichel mit der Schere abschneiden, dann hört der Speichelfluss auf. |

| 352
9
45 | Wenn ein Kind nicht schlafen will und weint, bedeutet das, dass es vom bösen Blick getroffen wurde: Du musst eine glühende Kohle in ein Glas Wasser werfen und gleichzeitig die Namen von drei Witwen nennen. Diejenige, bei deren Namen die Kohle an die Oberfläche kommt, könnte das Kind verzaubert haben. Wasch dem Kind dreimal am Tag mit diesem Wasser Hände und Gesicht. |

| 353 |
| 9 |
| 15 |

Wenn das Kind nicht schlafen kann und zappelt, dann muss man über ihm dreimal die Thora schütteln, dann wird es schlafen.

| 354 |
| 9 |
| 49 |

Wenn ein Kind schlecht gelaunt ist und oft weint, wirf ihm beim Saubermachen Staub vor die Füße, und seine schlechte Laune wird mit dem Staub zusammen weggefegt werden.

| 355 |
| 9 |
| 21 |

Wenn ein Kind wegen schwacher Knie spät anfängt zu laufen, dann reibt man sie ihm mit dem Speichel von last-tragenden Ochsen oder Büffeln ein, und seine Knie werden stark.

| 356 |
| 9 |
| 22 |

Wenn ein Kind spät zu sprechen beginnt, dann muss man ihm mit einer Schwalbenfeder über den Mund streichen (am besten sollte es die Feder von einer jungen Schwalbe sein), dann wird es wie die Schwalbe singen.

Tod

| *357 |
| 17 |
| 92/3 |

Wenn vor einem Menschen plötzlich eine Wachtel auffliegt, dann muss er sich hinsetzen, bevor die Wachtel gelandet ist. Sonst wird sich der Mensch an seinem letzten Tag quälen.

| 358 |
| 9 |
| 82 |

Nach der Beerdigung nimmt man ein bisschen Erde aus dem Grab nach Hause und streut sie den Trauernden heimlich in den Nacken, dann wird ihre Trauer kühl wie die Erde.

| 359 |
| 9 |
| 106 |

Nach der Beerdigung der Eltern lässt man die Kinder in ein Glas Wein schauen, so werden ihnen Herz und Auge gefüllt, und sie werden bei der Erinnerung an ihre Eltern nicht er-schrecken.

360 9 123	Wenn jemand stirbt, der das erste Kind seiner Eltern war, dann legt man ihm eine Perle in den Mund, so wird er sich nicht im Grab langweilen und jemanden zu sich holen.

361 9 108	Wenn in einem Jahr zwei Personen einer Familie sterben, dann muss man bei der Beerdigung der zweiten Person in das Grab einen geschlachteten Hahn oder ein Huhn dazulegen, sonst stirbt noch ein dritter in dieser Familie.

*362 9 122	Wenn man über einen Verstorbenen spricht und jemand niest, dann muss ihm dreimal mit der Hand auf beide Schultern schlagen und sagen: "Du bist unser, es soll dir bis zur Rückkehr des Gestorbenen nichts fehlen", sonst wird der Gestorbene ihn mitnehmen.

Andere Verhaltensratschläge

*363 9 4	Wenn man etwas Neues anzieht, dann muss man es als erstes einem treuen Mensch zeigen.

364 17 91/5	Eine Ähre mit zwei Köpfen bringt Segen. Man muss sie in einen extra dafür genähten Sack legen und an die rechte Ecke der Getreidekiste hängen.

365 18 127	Die Braut muss ihr neues Haus zuerst mit dem rechten Fuß betreten, dann wird der Wohlstand ihrer Familie steigen.

*366 9 89	Wenn ein Mann aus dem Haus geht, gieß ihm Wasser hinterher, so wird er von einem Gnaden-Engel begleitet.

| 367 9 35 | Wenn man jemandem mit schwachen Knien mit dem am Samstagabend gesegneten Wein die Kniekehlen einreibt, dann werden seine Beine stark. |

| 368 9 46 | Wenn jemand dir sagt, dass er einen Schnupfen hat, musst du ihm folgende Antwort geben: "Ich war gestern Abend in der Mühle, um die Gewürze zu mahlen, und bin jetzt wieder heimgekommen." |

| 369 9 47 | Wenn du an einem Schnupfen leidest, wische deinen Schnupfen heimlich an jemandem ab, der in Schwarz gekleidet ist, und dein Schnupfen geht weg. |

| 370 9 87 | Wenn ein Mann bewußtlos wird, dann muss man ihm Unterwäsche seiner Frau unter den Kopf legen und ein Maiskorn darin einwickeln. |

| 371 13 135 | Wenn einen ein Dorn gestochen hat, dann muss man ihn herausziehen und sich in die Haare legen und dazu sagen: "Mach dir Mühe, bis du meine Haare gezählt hast"; so wird der Dorn bestraft. |

| *372 9 6 | Man soll nicht den Mund öffnen, um "Nein" zu sagen, man muss Gutes sagen. |

ANHANG

ANMERKUNGEN

Im folgenden werden Anmerkungen, Erläuterungen usw. zu den
einzelnen Texten angeführt. Verweise auf Textvarianten, die in
anderen Quellen vermerkt werden, sind mit "Var.", der Nummer
der betreffenden Quelle sowie der relevanten Seitenzahl und/oder
Nummer vermerkt.[16]

1. Diese Form der Weissagung ist in ganz Georgien verbreitet. Klare
Hinweise darauf findet man schon in den Quellen des 17. Jahr-
hunderts, z.B. im Buch von Archangelo Lamberti über Samegrelo
(Quelle Nr. 2). Jedoch überliefern diese Quellen keine konkreten
Beispiele. Die hier veröffentlichten Beispiele von Vorhersagen mit
Hilfe von Schulterknochen von Tieren stammen aus anderen
Werken, nämlich aus den Aufzeichnungen von Maxauri (Quellen
Nr. 13-14). Diese Quelle enthält auch weitere Informationen: Das
Weissagen aus dem Schulterknochen von Haustieren (Schaf, Kuh
oder Ziege) war in Pšavi sehr weit verbreitet. Das Tier muss zum
eigenen Haus gehören; dies ist gegeben, wenn es mindestens drei-
mal Salz aus der Hand eines Menschen genommen hat, von dessen
Familie es geschlachtet wird. Verglichen mit anderen Tieren galt die
Schulter des Schafs als besonders geeignet. Die Schulter muss völlig
unzerteilt gekocht oder gebraten werden. Man darf das Fleisch von
der Schulter nicht mit den Zähnen abnagen, sondern muss es mit
dem Messer oder dem Fingernagel entfernen. Man darf die Schulter
auch nicht mit der Hand überreichen, sondern muss sie werfen. Die
Zeichen galten dann als besonders aussagekräftig, wenn sie an
beiden Schulterknochen ähnlich zu sehen waren.
Wie Maxauri weiter berichtet, konnte praktisch alles vorhergesagt
werden, wie folgende Geschichte beweist: Einmal lagerten Hirten
am Ufer des Flusses. Da starb ein weibliches Schaf. Die Hirten

---

[16] Zu den Quellen s. S. 19-21.

kochten das Fleisch und aßen es. Als sie nach dem Essen die Schulterknochen ansahen, erfuhren sie, dass am Abend Räuber das Lager überfallen würden. Sie vergruben die Knochen in der Asche, bauten das Lager ab und trieben rasch die Herde an einen fernen Ort. Einer von ihnen aber kletterte auf einen Baum und wartete voll Neugier, ob die Weissagung sich bewahrheiten würde. Nach einiger Zeit kamen die Räuber. Sie bemerkten die Glut, schüttelten die Asche und fanden die Knochen. Einer der Räuber sah die Schulterknochen an und sagte: "Sie haben alles vorausgesehen und sich gerettet. Sie sind schon über die Brücke gegangen, und wir können nichts von ihnen erbeuten. Aber einer von ihnen muss hier auf dem Baum versteckt sein." Tatsächlich entdeckten sie den Hirten auf dem Baum. Die Räuber befahlen dem Hirten, vom Baum zu steigen. Er begann, langsam herunter zu steigen, aber als er nah am Boden war, sprang er plötzlich nach unten und lief fort. Es wäre besser gewesen, wenn die Räuber erst den Schulterknochen überprüft und dann entschieden hätten, ob sie ihn verfolgen sollen oder nicht, aber sie folgten ihm sofort und ohne Erfolg. Etwas ähnliches hat auch Archangelo LAMBERTI 1938:155 bekannt gemacht, allerdings kurz und ohne Hinweis auf Ort und Zeit.

7. In einer Variante (3.92) bleibt unklar, wievielmal Niesen ein gutes Vorzeichen ist: einmal oder zweimal.

10. Var.: 9.51.

12. Es ist nicht ganz klar, was hier gemeint ist: Juckt die Stirn an der Seite oder gewissermaßen hinter der Stirn?

13. Var.: 16.272.

19. Var.: ... ist das ein Vorzeichen, dass sich jemand beeilt, Sie zu besuchen (10.133).

21. Var.: ... dann werden Sie Wein trinken (10.135).

22. Var.: 13.140 nennt nur saufen.

24. Var.: fettes Essen (3.92).

26. Var.: 16.273.

30. Vergl. folgende Varianten: Wenn jemanden die Handfläche juckt, dann wird man etwas ausgeben, wenn es links ist, und etwas bekommen, wenn es rechts ist (9.91). Wenn dich die Handfläche juckt, dann wirst du etwas ausgeben, wenn es die rechte ist, und etwas bekommen, wenn es die linke ist (9.64). Wenn dich deine rechte Handfläche juckt, dann wirst du Geld ausgeben (13.106). Wenn dich deine linke Handfläche juckt, dann wirst du Geld bekommen (13.128).

32. Var.: 16.22.

35. Var.: 13.126.

38. Var.: 3.92.

41. Var.: 16.272.

44. Var.: 16.273.

57. Var.: Wenn ein Hahn nach Sonnenuntergang früher als üblich kräht, ist das ein Vorzeichen von Bösem, und er muss sofort geschlachtet werden (6.189). Var.: 16.230.

72. Var.: … schlechtes Wetter (9.55).

82. Var.: … oder das Haus befällt ein Unglück (16.234).

91. Var.: 13.124.

102. Dieser Text verweist auf die Fortbewegungsweise von Raupen, die zunächst das Ende nach vorne schieben, dann das Vorderteil, als ob sie die Strecke abmessen.

112. Var.: Wenn Feuer eine Kohlenglut setzt, bedeutet das, dass ein Gast kommt (6.186).

113. Var.: 16.265.

114. Var.: 16.266.

115. Das Fest *Lamproba* (zu svan. *lampari/limpari* "Leuchte") ist ein svanisches Kultfest, das im Februar gefeiert wird, und bei dem man aus Birkenholz gefertigte Leuchten anzündet. "Eine große Leuchte trägt man zur Kirche, die kleineren zu den Gräbern der Ahnen auf den Friedhof, die größte aber auf die Tenne. Die Leuchten auf den Gräbern sollen den Toten im Jenseits den Weg erhellen. Die Leuchte auf der Tenne ist für den Sundukw Dezesch (Himmelsgott)

bestimmt, und man fleht ihn beim Entzünden des Lichts an, Blumen auf der Erde blühen und die Kinder nicht sterben zu lassen. Mit der Leuchte in der Kirche bittet man um Befreiung von den Augenschmerzen, die in den verräucherten Häusern der Swanen eine gewöhnliche Erscheinung sind" (FÄHNRICH 1999:176).

117. Var.: Wenn ein Stück Brot unerwartet in eine Schale fällt, bedeutet das, dass ein hungriger Gast kommen wird (6.189).

134. Hier ist gemeint: Jemand, der sonst stattdessen gestorben wäre, stirbt nicht.

138. Mit "Tier" sind hier die Vierbeinigen gemeint.

148. Var.: 16.269.

149. Var.: 5.89; 16.274.

155. Var.: 9.102, mit dem Unterschied, dass hier das Verbot auch auf Mittwoch ausgedehnt wird. Zusätzlich sind hier auch Kämmen und das Offentragen der Haare verboten.

162. Das Tabu könnte damit zusammenhängen, dass Mittwoch und Freitag Fastentage sind, die eventuell (wie der Sabbat) als schon am Vorabend beginnend betrachtet werden. Über eine Tradition, dass Frauen an Fastentagen nicht arbeiten, wird auch in georgischen Märchen berichtet:[17] Eine Frau beachtet immer die Fastentage. Ihre Schwägerinnen, die im selben Haus wohnen, ärgern sich, dass sie an diesen Tagen nicht arbeitet, und weigern sich, ihr bei der Geburt ihres Kindes zu helfen. Da leiden die Fastentage der Frau (die man sich als Engel vorstellt) mit ihr und leisten ihr nicht nur den benötigten Beistand, sondern schenken dem neugeborenen Mädchen auch Fähigkeiten, mit denen es sich in Notlagen retten kann. Unter diesen Fähigkeiten ist auch die Begabung, beim Lachen Rosen und Veilchen aus dem Mund regnen zu lassen.[18]

171. Es ist unklar, wie lang der hier gemeinte Zeitraum vor Himmelfahrt (georg. *amayleba*) ist.

---

[17] Märchentyp ATU 404 *Geblendete Frau*.

[18] *Datenbank*, Signatur: *fak55 gv43*, *faa00086*.

173. Der Tag des Heiligen Georg wird zweimal im Jahre gefeiert (23. November und 6. Mai[19]).

174. Eventuell ist die Zuteilung des Schicksals für den folgenden Tag gemeint.

176. Das Mehlsieb sieht folgendermaßen aus:

Abb. 2. Mehlsieb

177. Als Kaugummi verwendet man das Harz des Mastixbaumes (*pistacia lentiscus*).

182. Jedes Haus hat einen Familienengel.

187. Hier ist vermutlich gemeint: Bei Tag soll man arbeiten und keine Zeit verschwenden, sonst schafft man sein Tagewerk vor dem Dunkelwerden nicht und wird in Armut enden.

189. Var.: 16.256.

199. Var.: 14.140.

202. Hier wird die Abkürzung des Wegs mit der Verkürzung des Lebens des Kindes verglichen.

204. Gemeint ist: Wenn man ein kleines Kind hat, darf man auch dann kein Tuch über die Wiege decken, wenn das Kind gerade

---

[19] Die Differenzen zwischen diesem Datum und dem 23. 4. (dem heutigen offiziellen Namenstag des Hl. Georg) gründen sich in Differenzen zwischen dem Julianischem und dem Gregorianischen Kalender.

nicht darin liegt.

209. Var.: Man darf nicht über das Kind hinübersteigen, sonst wächst es nicht mehr (13.134).

224. Die Wirkungsweise ist nicht ganz klar; Nr. 223 weist jedoch darauf hin, dass man dem Betreffenden ein ungünstiges Geschick anheften würde.

232. Var.: 4.1/17.

235. Die Feuerstelle befindet sich in der Mitte des Raums oder im Kamin. Nach dem Glauben der Georgier ist die Feuerstelle der heiligste Ort des Hauses.

237. Mit "Kirschen" sind hier Sauerkirschen (Weichseln) gemeint. Vergl. Var.: Kirschholz darf man nicht ins Feuer legen, sonst kann im selben Jahr ein Unglück passieren (16.268).

250. Var.: 16.265.

259. Var.: ... oder es gibt einen Misserfolg (16.266).

260. Var.: ... sonst gibt es Streit (16.266).

263. Var.: 9.118.

267. Var.: Man darf nicht putzen, wenn jemand gerade unterwegs ist (9.92).

272. Var.: 13.140; 14.95.

Abb. 3. Brot

275. Durch den Ausspruch "Ich habe keines" könnte man ebendiese Situation verursachen.

279. Die Kanten werden abgebrochen, weil man Brot nicht schneiden darf.

280. Var.: 11.2/15; 16.232; 16.233.

287. Knoblauch ist eigentlich scharf, aber hier wird er mit schlechter Laune assoziiert.

292. Var.: 13.140.

309. Diese Tradition wird in Samegrelo und Abxazeti von alten Leuten noch beachtet, war früher aber weiter verbreitet.

311. Var.: 8.335.

320. Es gibt auch berufliche Brautwerberinnen.

321. Var.: 11.2/5.

328. Gemeint sind die "Herren der Krankheit" (s. S. 9-10).

331. Var.: 13.124.

333. Dies könnte bedeuten: Wenn man vergisst, den Satz zu sagen, wird man selbst besiegt. "Besiegt werden" bezeichnet jedenfalls ein Unglück, es ist aber nicht klar, welches. Der Ausdruck kommt auch in anderen Texten vor.

334. Gemeint ist die Stelle, an der das Joch auf dem Ochsen liegt:

Abb. 4. Joch mit Kuppelbolzen

335. Var.: 11.2/15.

Der georgischen Mythologie zufolge wird der Kuckuck mit verstorbenen und auferstandenen Gottheiten (etwa Vegetationsgottheiten) assoziiert. Diese sind auch mit Fruchtbarkeit und Wohlstand verbunden. Nach dem Volksglauben bringt der Kuckuck den Frühling. Bemerkenswert ist, dass die lautmalerischen Wörter für den Kuckucksruf den georgischen Wörtern "hauen" und "aussähen" ähneln. Dies wird so interpretiert, dass der Kuckuck den Georgiern den Ackerbau beigebracht hat. Nach einer in Kartli aufgezeichneten Überlieferung macht sich der Kuckuck zu Mariä Verkündigung (7. April) auf den Weg und kommt Ostern an. Er fliegt erst im Herbst wieder zurück und nimmt drei Ähren der letzten Kornernte mit. So begleitet der Kuckuck einerseits die aus der Gefangenschaft befreite Natur, andererseits begleitet er die Natur ins Reich des Todes. Außerdem kann der Kuckuck den Menschen ein Brot schenken, das nach jedem Bissen wieder ganz wird (DADUNASHVILI 2003:121).

Das Butterfass hängt an zwei oder vier Seilen und wird geschaukelt, um Butter aus der Milch zu gewinnen.

Abb. 5. Butterfaß

337. *Roš xodeš* (hebr.): Neumond, zugleich Monatsanfang.
340. Var.: Wenn man im Frühling zum ersten Mal den Donner hört, dann muss man einen Stein nehmen und dreimal sagen, "starkes

Kreuz und starkes Herz" dann wird man keine Kreuz- oder Herz-schmerzen haben (13.118).

344. Nach einem weit verbreiteten Glauben wohnen Dämonen am Kreuzweg.

345. Der *Madzaxura* ("Rufender") ist ein "[b]öses Wesen, das in der Vorstellung der Chewsuren dem Menschen zusetzt, ihn nachts, wenn er schläft, vom Rauchfang her bei seinem Namen ruft, ihn aus dem Haus lockt und in den Abgrund stürzt, um sich seiner Seele zu bemächtigen. Der M. kann nur zweimal, aber kein drittes Mal rufen. Daran soll er zu erkennen sein" (FÄHNRICH 1999:180).

348. Der Text spielt darauf an, dass die (sicher positive) Auslegung des treuen Menschen in Erfüllung geht.

357. "Sich am letzten Tag quälen" bedeutet, dass die Trennung von Leib und Seele schwer sein wird.

362. Var.: 10.135.

363. Gemeint ist: Man soll nicht jemand anderem davon erzählen.

366. Hier handelt es sich um ein Wortspiel (s. S. 15).

372. Man soll lieber nichts sagen als "Nein" sagen.

INDEX

TRANSKRIPTIONSTABELLE

Für die Umschrift georgischer Namen, Titel und Termini wird in diesem Band die folgende Umschrift gewählt, bei der ' die Glottalisierung der Konsonanten bezeichnet.

ს	a		მ	m		ღ	γ
ბ	b		ნ	n		ყ	q
გ	g		ო	o		შ	š
დ	d		პ	p'		ჩ	č
ე	e		ჟ	ž		ც	ts
ვ	v		რ	r		ძ	dz
ზ	z		ს	s		წ	ts'
თ	t		ტ	t'		ჭ	č'
ი	i		უ	u		ხ	x
კ	k'		ფ	p		ჯ	dž
ლ	l		ქ	k		ჰ	h

Abbildungsverzeichnis

Abb. 2-5 von Viktor Tsiklauri

LITERATURVERZEICHNIS[20]

DADUNASHVILI, Elguja 2003: "Der Urtyp des Motivs des heimgekehrten Gatten." In: *Georgica* 26, S. 115-123

Datenbank = DADUNASHVILI, Elguja 2003: *Datenbank der georgischen Volksdichtung*. Frankfurt a/M. *http://titus.uni-frankfurt.de /database/folkarch/ query.htm#inpform*

DE CASTELLI, Don Christoforo 1976: *Tsnobebi da albomi sakartvelos šesaxeb. T'ekst'i gašipra, targmna, gamok'vleva da k'oment'arebi daurto Bežan Giorgadzem*. Tiflis

FÄHNRICH, Heinz 1997: *Mingrelische Sagen. Aus dem Georgischen von Heinz Fähnrich nach der Ausgabe von K. Danelia und A. Zanawa 1991*. Jena

—— 1999: *Lexikon georgische Mythologie*. Wiesbaden

LAMBERTI, Archangelo 1938: *Samegrelos ayts'era*. Tiflis [eigentlich *Relatione della Colchide hoggi detta Mengrellia, nella quale si tratta dell' Origine, Costumi e Cosi naturali di quei Paesi. Del P.D. Archangelo Lamberti, Clierico Regolare, Missionario in quelle Parti. All'III^mo e Reu^mo Sig^re Monsignor Dionigio Massari, Segretario della Sacra Congregatione de Propag. Fide*. Neapel 1654]

MAK'ALATIA, Sergi 1941: *Samegrelos ist'oria da etnograpia*. Tiflis

---

[20] Zu den Quellen s. die Liste S. 19-21.

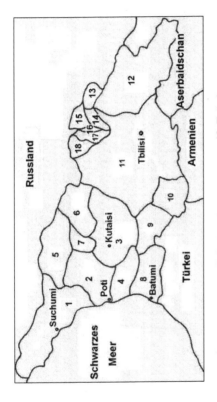

1. Abxazeti
2. Samegrelo
3. Imereti
4. Guria
5. Svaneti
6. Rač'a

7. Lečxumi
8. Adžara
9. Mesxeti
10. Džavaxeti
11. Kartli
12. K'axeti

13. Tušeti
14. Pšavi
15. Xevsureti
16. Gudamaqari
17. Mtiuleti
18. Xevi

Abb. 6. Historische Landschaftsräume Georgiens